LE MEMENTO DES PROPRIÉTAIRES

ET

La Nouvelle Comptabilité Immobilière

par Ernest CHARBONNEL

Membre de la Chambre des Propriétaires de la Ville de Paris
et de l'Union de la Propriété Bâtie de France

TABLE DES MATIÈRES

PRÉFACE

PRÉFACE

Aux Propriétaires

Le présent volume a pour but de remédier aux difficultés toujours croissantes résultant des usages surannés de modes de Locations et de faciliter les rapports entre **Propriétaires et Locataires.**

Je me suis appliqué à rédiger un formulaire en matières de **Location** susceptible de répondre aux exigences de la vie actuelle. — Toutes les **Clauses** de mes formules, m'ont été dictées par les divers jugements des **Tribunaux** de ces dernières années, ainsi que de certaines citations empruntées à des livres de **Jurisprudence** émanants d'auteurs les plus réputés : MM. A. de Bélie, L. Grouard, J. Guérin, L. Pabon, A. Poidvin, D. Macé, etc.

Le Droit de Chacun, y est exposé d'une façon claire et précise, partant de là, plus de fausses interprétations, ni comparutions nuisibles aux parties en Justice de Paix. — Des **formules types**, tels sont les nouveaux modèles à suivre. Il suffira d'inscrire en émargement les **Annotations** des Clauses complémentaires à chaque genre de Location, que l'on trouvera expliquées avec la documentation qui y donne lieu.

En ce qui concerne la tenue de la **Comptabilité d'un immeuble,** j'ai réuni en une seule et unique feuille, tous les divers comptes d'une **Maison de Rapport,** il suffit d'un coup d'œil pour être fixé; un Nᵒ d'ordre correspond à une **fiche-dossier** concernant chaque Locataire.

Ma nouvelle **Méthode** s'adresse tout particulièrement à tous les **Propriétaires** s'occupant eux-mêmes de gérer leurs immeubles. D'autre part les Propriétaires qui ne veulent pas être en rapports directs avec leurs Locataires auront également avantage en recommandant mon formulaire à leur Gérant. En ce qui concerne MM. les Gérants, ceux-ci y trouveront une telle simplification, qu'ils s'empresseront de l'adopter, en raison que la gérance d'un grand nombre d'immeubles demande beaucoup de temps, et occasionne un travail très compliqué.

SIMPLICITÉ - ÉCONOMIE - SÉCURITÉ

tel est le résumé du

Memento des Propriétaires et de la Nouvelle Comptabilité Immobilière

Toute personne soucieuse de conserver son bien, doit avoir de l'ordre, pour cela il est nécessaire de tenir ses comptes à jour. La Comptabilité des Propriétaires, n'est pas compliquée et deux heures en moyenne tous les trois mois suffisent avec la méthode fort simple, et l'emploi des formules types que je préconise.

Il faut reconnaître que les Lois actuelles sont peu favorables aux Propriétaires et ceux-ci ne se garantiront jamais assez contre la malignité de certains Locataires, toujours disposés à nuire sachant bien que contre eux, il n'y a, la plupart du temps, aucun recours, faute de garanties.

Se faire rendre justice, est chose difficile et il arrive souvent que des litiges solutionnés en Justice de Paix sont sujets à diverses interprétations de la part de Juges, qui parfois sont induits en erreur par l'audace de Locataires, véritables professionnels de la chicane. Ces spécialistes trouvent toujours des moyens, pour faire mettre en défaut le Propriétaire, et il arrive, qu'ils demandent au juge la nomination d'un expert; si celui-ci leur donne raison, malgré des apparences trompeuses, tant mieux, si c'est à tort tant mieux également; ils n'en paieront pas davantage, et le Propriétaire est là pour solder les frais. On devrait (mais il faudrait vouloir), faire déposer un cautionnement par celui qui demande une expertise; on objectera que le débiteur n'en a pas les moyens, comme de juste. En conséquence l'expertise ne devrait pas être due par le Propriétaire s'il lui est donné raison et que le débiteur soit insolvable... Mais ... les Experts ne se dérangent pas pour rien ni pour peu et quand on a l'honneur d'être Propriétaire il faut aussi avoir celui de payer.

Il faut reconnaître que les Juges sont souvent en présence de clauses incompréhensibles et arbitraires qui n'ont pas leur raison d'être. La majorité des difficultés entre **Propriétaires et Locataires,** surviennent au sujet des réparations, dont les unes sont à tort ou à raison dénommées locatives. Il est de toute évidence que l'on ne peut rendre au bout de deux ou trois ans, un local aussi frais que lorsque l'on en a pris possession et j'estime qu'un Locataire qui rend les clefs allant bien aux serrures, les vitres non cassées, et peu d'éraflures aux murs, ne doit pas encourir les rigueurs d'un Propriétaire, qui a toujours été ponctuellement payé de ses loyers. Malheureusement les mauvais Locataires font les mauvais Propriétaires et parfois réciproquement. Ce sont les baux qui donne lieu au plus grand nombre de procès, on n'apportera donc jamais trop d'attention et de réflexion à leur rédaction.

Pour parer à toutes discussions éventuelles il suffit dès le début d'établir des conditions formelles : **La Convention est, et fait la Loi des parties, c'est le principe du Code, le principe du Droit naturel, du Droit primitif.** Nul ne peut se faire justice soi-même, mais il n'en est pas moins vrai que toute chose plausible, convenue, et acceptée de part et d'autre, doit être respectée, c'est du reste ce que consacre l'application de l'article 1134 du Code Civil « aux termes duquel les conventions légalement formées tiennent lieu de Loi à ceux qui les ont faites ». C'est d'après elles que les juges se basent et tiennent compte dans leurs arrêts.

CHAPITRE I

Propriétaires et Commerçants

I. — Clauses diverses à insérer dans les Baux suivant le genre de Commerces ou Industries et Renseignements appropriés.

ACÉTYLÈNE (Eclairage à l'). — Le preneur ne pourra installer l'éclairage à l'Acétylène sans le consentement écrit du bailleur, ou le preneur est autorisé à faire usage de l'Acétylène, à charge par lui de prendre toutes précautions utiles, et rembourser au bailleur les surprimes d'assurances que lui et les autres Locataires seraient obligés de payer pour cause d'aggravation de risques.

ACCESSOIRES aux locaux loués : **CONDUITES de GAZ; EAU; ÉLECTRICITÉ; MONTE-CHARGE; MARQUISE; PORTE-VOIX; TREUIL; TRAPPE; SOUS-PENTE; etc.**

Bien des installations faites par des Locataires restent d'après conventions à la suite du départ de ceux-ci la propriété du bailleur. Lorsque les locaux sont reloués, le nouveau Locataire profite de ces améliorations pour lesquelles il est prudent de la part du Propriétaire de se dégager de toutes responsabilités, vu qu'il ignore si les dits accessoires sont susceptibles d'être utilisés dans l'état où ils lui ont été laissés. En conséquence mettre dans les Baux : « Le preneur aura la faculté de se servir de...... dépendant des dits locaux, il pourra les transformer, les améliorer suivant ses besoins, sans prétendre à aucun recours contre le bailleur soit pour mauvais fonctionnement ou pour défectuosités quelconque.

A LOUER. — Un Propriétaire dont le Locataire Commerçant est dans sa dernière période de bail, n'a pas le droit d'annoncer avant les délais d'usage (6 mois sauf conventions contraires) que le local est à louer, ce serait jeter un discrédit sur sa réputation et sa stabilité de commerçant. Cet abus du droit du bailleur serait susceptible de dommages-intérêts.

ASSENTIMENT. — Avant de consentir un Bail pour un local à l'usage de Commerce ou Industrie, s'enquérir de l'assentiment des autres Locataires, si ceux-ci ont une clause absolue d'habiter bourgeoisement. De même pour tout ce qui est de nature à apporter des modifications à l'immeuble, notamment l'installation d'une marquise par un Boutiquier, la dite devant nécessairement intercepter la vue aux étages supérieurs.

BAUX consentis aux Mineurs et aux Femmes. — Un mineur émancipé peut contracter des baux n'excédant pas 9 ans. Une femme **divorcée** peut conclure des baux de toute durée. **Séparée** de corps et de biens ou de biens seulement, soit par décision judiciaire, ou par contrat de mariage peut louer pour 9 ans au plus. **Mariée** sous le régime dotal ayant des biens paraphernaux, c'est-à-dire non constitués en dot peut consentir sur ses biens des baux de 9 ans. Tout bail consenti sans l'autorisation du mari (sauf cas ci-dessus) est nul. Néanmoins il est admis exceptionnellement qu'une femme mariée, même commune en bien et dont le mari fait un séjour où un voyage au loin, peut louer un appartement pour elle et sa famille suivant ses ressources, mais pour une année seulement. La femme qui fait ménage commun avec un homme, dont elle porte ostensiblement le nom (concubine) est au point de vue du bail, considérée comme l'épouse de cet homme, encore qu'ils ne soient pas légalement mariés (Extrait de ENTRE PROPRIETAIRES ET LOCATAIRES de M. D. MASSE).

BAUX, Expulsion. — Lorsque le bail contient une clause ainsi conçue : « A défaut de paiement d'un seul terme à son échéance, et un mois après un simple commandement de payer, ou une simple mise en demeure restée sans effet et annonçant l'intention de profiter du bénéfice de la dite clause, le bail sera résilié de plein droit si bon semble au bailleur, et, dans ce cas, l'expulsion du preneur aura lieu sur un simple ordonnance de référé sans que les offres de payer ultérieurement à la déchéance encourue puissent arrêter l'effet de cette ordonnance » le juge des référés doit en présence de cette clause claire et précise, et dont le caractère est licite, ordonner l'expulsion dès qu'il vérifie qu'il y a inexécution du contrat dans le sens réglé et prévu par les parties (Jugement 27 Déc. 1901. Cour d'Appel de Paris, 7e Ch. Gazette du Palais, 7 Fév. 1902. Extr. Ch. des Propriétaires).

BAUX, Résiliation pour cas fortuit. — Le preneur qui à loué à bail pour l'exploitation d'un Café-Concert, Cinéma où toute autre attraction, qui se voit interdire la continuation des représentations par suite d'un arrêté municipal a cause de l'aménagement non approprié pour les genres de spectacles; dangers d'incendie, exiguité des locaux, etc., est fondé à demander une diminution de loyer. En outre, si un deuxième arrêté municipal interdit toute exploitation le locataire à droit à la résiliation du bail.

Il faut en conclure qu'au termes de la jurisprudence actuelle, le refus ou le retrait de l'autorisation accordée est admis comme un cas fortuit dans toute l'acceptation du mot, lequel suivant l'art. 1792 du Code Civil autorise la demande en résiliation. Il arrive fréquemment et surtout dans les grandes villes, que les Propriétaires louent leurs boutiques et annexes soit au mois, soit temporairement pour des exploitations de Cinémas pour lesquels la clause ci-après pourrait être assujettie. La présente location ne pourra pas être subordonée à l'autorisation administrative (ou préfectorale) qui a été ou sera-délivrée au preneur lequel reconnaît faire son affaire de l'appropriation des lieux de façon à se conformer aux règlements qui lui seront imposés. En aucun cas le retrait de l'autorisation n'entrainera une diminution de loyer ou la résiliation anticipée de la location à moins d'indemnité (on peut ajouter) toutefois le preneur pourra sous-louer avec l'autorisation écrite du bailleur.

BAUX (Modèle de résiliation de) (Voir Chapitre VII).

CAUTION (Intervention d'un cautionnaire). (Voir Chapitre VII).

COMMERCES ACCESSOIRES. — Un Commerçant qui a loué uniquement pour l'exploitation d'un fonds de Vins et Liqueurs n'a pas le droit d'adjoindre celui de Restaurant, ou sous-louer une partie à un marchand d'huitres, de frites, de marrons, de journaux, de fleurs, etc., sans le consentement du Propriétaire. Si celui-ci y consent il doit ne le faire qu'à titre de tolérance afin de pouvoir retirer l'autorisation, si d'autres Locataires de l'immeuble venaient à se plaindre.

COMMERCES SIMILAIRES. — Un Propriétaire qui a loué une de ses boutiques à un marchand de poissons frais et l'autre à un marchand de poissons salés ou fumés, est en droit d'interdire au premier la vente des poissons de conserves et réciproquement. Ne le faisant pas il encoure une assignation en résiliation de bail avec dommages-intérêts d'autant qu'au terme du bail il s'interdit de louer à un commerce similaire.

Vous avez deux boutiques dont l'une est louée à un épicier et l'autre à un fruitier, il y a grandes chances à être en butte à bien des contestations, si les baux ne définissent pas d'une façon absolue dans quelles limites chacun des deux boutiquiers doit vendre ses produits. Actuellement les épiciers vendent de tout et les fruitiers comme bien d'autres commerçants font de même. Lorsqu'il y a plusieurs boutiques dans un immeuble le Propriétaire agira prudemment en n'accordant que à titre de tolérance, la vente d'articles ou produits qui ne dérivent pas du commerce proprement dit, pour lequel la location a été faite. Si une des boutiques vient à être vacante et que les amateurs constatent que l'épicier, le charcutier ou tout autre commerçant, tiennent des articles qui pourraient lui être exclusifs, cette constatation est de nature à ne point l'engager à demander à visiter pour louer.

En la circonstance il suffira de mettre sur l'écriteau de location. « A louer pour : vins ou fruitier ou charcutier ou épicier et faire suivre de : (ou tout autre commerce), et d'expliquer aux visiteurs que la vente de certains articles sera retirée aux commerçants actuels. De cette façon un Propriétaire qui a un boutiquier épicier vendant du vin à emporter aura la faculté de lui retirer cette tolérance de vente pour pouvoir louer à un marchand de vins et réciproquement. On trouvera plus loin différentes citations aux clauses spéciales à chaque état.

CONSTRUCTIONS AMÉLIORATIONS faites par les Locataires. — A défaut de stipulation contraire un Propriétaire qui a accepté en fin de location de conserver les constructions et améliorations faites par son Locataire, doit à ce dernier le paiement intégral des matériaux et de la mains-d'œuvre s'il n'a pas été convenu d'un prix. Il résulte de ceci qu'un Propriétaire ne devra pas accepter de reprises sans s'être rendu compte : 1° Si les améliorations peuvent lui être profitables ou susceptibles d'être utilisées par un quelconque Locataire; 2° Du prix dont il doit tenir compte suivant l'état et la destination future; 3° Passer un acte de vente en règle .

DÉCÈS. — Il arrive parfois que des preneurs désirent que les baux fassent mention d'une clause de résiliation amiable en cas de décès, et que l'on stipule comme suit : « En cas de décès de M..... (l'un des époux ou associé) le bail pourra être résilié à la demande de l'époux (ou de l'associé) survivant qui aura la faculté de quitter les lieux à la fin du terme suivant celui au cours duquel le décès se sera produit (ou dans les 3 mois, ou les 6 mois), après ce décès). Il sera dû à titre d'indemnité une somme égale à un terme de loyer — ou six mois — ou encore mettre « les trois mois ou six mois de loyer versés à titre de cautionnement d'avance resteront acquis au bailleur comme indemnité de résiliation du présent bail ». Lorsqu'il a été fait des travaux spéciaux par le Propriétaire pour la location et suivant l'importance du loyer on pourrait mettre une somme égale à une année dans le cas où le décès se produirait au cours de la 1re, 2e ou 3e année de location, car de ce cas il est à prévoir que les travaux seront inutiles pour un autre preneur.

DÉPENDANCES. — (Voir **Accessoires**).

ÉMEUTES. — Dégats fortuits. — A la suite d'une réunion de syndicalistes (14 Octobre 1911), une bagarre se produisit devant l'établissement d'un marchand de vins, des projectiles furent lancés de l'intérieur du débit, sur les agents, ceux-ci y pénétrèrent à leur tour, et les syndicalistes consommateurs sautèrent par les fenêtres de l'arrière-boutique pour échapper à leurs poursuivants. Résultat : nombreux dégats dont le montant, 300 fr. est réclamé par le Propriétaire à son Locataire; voici un extrait du jugement : «Attendu que de la relation des faits ci-dessus on ne saurait relever une faute imputable à M.... (le locataire), puisque d'une part il s'est trouvé dans l'impossibilité matérielle d'empêcher la bagarre qui s'est produite chez lui, et qu'on ne saurait d'autre part, lui faire grief de n'avoir pas fermé son établissement, ne pouvant soupçonner les intentions des consommateurs qui se trouvaient chez lui. Qu'en résumé, les dégats dont on réclame le paiement sont le résultat d'un concours de circonstances fortuites et non d'une faute du Locataire. Il y a donc lieu de débouter le Propriétaire de son action en dommages-intérêts contre son Locataire.» N'est-ce pas charmant. En effet, s'il n'y a pas faute du Locataire, il y en a encore moins de la part du Propriétaire, mais comme celui-ci a le tort de l'être, il est bon pour payer. On ne dit pas si la Ville a indemnisé le Propriétaire.

Il me semble qu'un jugement à la Salomon aurait mieux départagé les parties. En la circonstance, une clause visant les Etablissements publics, s'impose. On pourrait mettre : « Le preneur fera son affaire de tous dégats causés par des troubles, émeutes ou autres survenant dans son établissement, à charge par lui de se défendre, vis-à-vis des tiers fauteurs, et à s'en garantir par une assurance à cet effet quel que soit le cas amenant les dégradations ajouter ou mettre « Les dégats qui pourraient être causés par cas fortuits réellement prouvés par l'une des parties seront supportés par moitié.» (Voir GLACES).

ENSEIGNES. — Tout commerçant a un droit absolu à l'apposition d'enseignes devant le faire connaître même en l'absence de clause et n'ayant pas de fenêtre sur rue, il peut utiliser un emplacement à la porté d'entrée de la maison. Ce droit s'étend sur la façade des locaux qu'il occupe soit sur rue ou sur cour, s'il n'y a pas d'interdiction. Un marchand de curiosités du quai Voltaire, à Paris, a eu la fantaisie de peindre la porte d'une remise en bleu ciel et d'y apposer son nom, ce qui déplut fort aux Locataires bourgeois. Assignation du Propriétaire, mais le bail ne comportant pas interdiction de faire usage de l'enseigne sur cour, le Propriétaire a été pour ses frais. Bien délimiter ce droit dans les baux, et avoir soin d'ajouter « qu'à fin de location le preneur devra faire gratter l'enseigne » si c'est une peinture ou pour un panneau mobile « reboucher les trous de scellement ». Pour des plaques soit de chaque côté de l'entrée de l'immeuble, soit sur les paliers indiquer les dimensions maximas, et si ces plaques seront en émail, verre, tôle peinte, etc.

ETAT DES LIEUX. — Aucun texte de Loi ne fixe de délai pour l'expiration du droit de faire dresser un état de lieux, même si une date fixée est dépassée le preneur peut parfaitement encore exercer son droit. L'état de lieux est dans l'intérêt réciproque des parties, il y a utilité incontestable à en dresser un spécial pour les baux d'importance, ou à la fin du bail, pour les petites locations, une mention annexée à l'engagement peut suffire. Pour renseignements circonstanciés voir : Le Guide Pratique « Entre Locataires et Propriétaires de M. Daniel Massé, page 38 à 44 ». Voir Bibliothèque du Propriétaire.

EVENTAIRE. — Lorsqu'un Propriétaire loue à un marchand ambulant (Laitier, Dentellière, Fleuriste, Marchande de Poissons, de Poulets etc.) une partie du vestibule ou allée d'accès de la maison, les Locataires habitant avant l'installation, du dit marchand, sont en droit de demander des dommages-intérêts. En prévision de la possibilité d'une location de ce genre le Propriétaire devra mettre dans ses baux : « Le bailleur se réserve le droit de louer une partie de l'allée de l'immeuble, ainsi que d'autoriser ses boutiquiers à sous-louer partie de leur devanture pour petit commerce ambulant ». (Voir Commerces accessoires).

GLACES. — Pour les devantures des boutiques munies de glaces, il sera prudent d'intercaler la clause ci-après : « Le preneur devra s'assurer contre le bris des glaces tant intérieures, qu'extérieures ». Ne le faisant pas il s'expose à supporter seul les dégâts causés par malveillance, pour lesquels le Locataire qui lui est sur place, à toute la facilité voulue et l'intérêt pour retenir le délinquant.

INCENDIE. — **Surprime d'assurance.** Si une partie de l'immeuble vient à être louée, à un commerçant exerçant une industrie dangereuse, et que les Locataires actuels soient dans l'obligation de payer un supplément sur leur prime d'assurance, le Propriétaire est obligé de leur en tenir compte, à charge par lui de se faire rembourser par l'industriel, s'il s'est réservé ce droit par une clause du bail. (Cour d'Appel de Bordeaux, 22 Mai 1910. Gazette des Tribunaux 11 Septembre 1910).

Clause : En raison de sa profession M..... s'engage à supporter la surprime d'assurance contre l'incendie dont les Locataires et le Propriétaire de l'immeuble pourraient être assujettis par suite d'agravation de risques.

MACHINES. — (Voir Chapitre II).

NANTISSEMENT sur Fonds de Commerce. — Suivant l'état des Lois du 19 Mars et 2 Avril 1909, sur la vente et le nantissement des fonds de commerce, découlent des conséquences nouvelles pour la situation du bailleur. Il suffit que le créancier vendeur d'objets mobiliers signifie au Propriétaire qu'ils sont encore dus, qu'ils sont grevés d'une inscription, pour que le privilège de ce dernier, devienne sans objet. Mais il faut que le créancier fasse la preuve, qu'au moment où les objets par lui vendus, sont entrés dans les lieux loués, le Propriétaire a su qu'ils n'étaient pas payés sinon sa revendication n'a plus raison d'être admise. En conséquence avant de consentir une location à un commerçant il y a intérêt pour le Propriétaire à exiger de celui-ci, la production d'un état relatif aux inscriptions dont le fonds exploité dans le précédent local aurait pu être grevé. (Extrait du Journal des Prop. et Loc. organe de la Ch. Synd. de Marseille).

NANTISSEMENT de Fonds de Commerce. (*Résiliation du Bail et le*)

Extrait de la Loi du 19 Mars et du 2 Avril 1909, sur la Vente et le Nantissement des Fonds de Commerce : « Le Propriétaire qui poursuit la résiliation du bail doit notifier sa demande aux Créanciers inscrits, au domicile élu par eux dans leurs inscriptions. Le jugement ne peut intervenir qu'après un mois écoulé depuis la notification (art. 14). D'autre part en cas de Résiliation amiable entre le Propriétaire de l'immeuble et le détenteur du fonds, le même délai d'un mois est applicable pour que la résiliation devienne définitive (art. 14).

Comme on le voit par cet exposé, c'est une source de contestations en perspective, et il est à prévoir que la législation nouvelle sera une cause fort préjudiciable aux garanties du Propriétaire. Un livre très utile à consulter en la matière, est le « Manuel Pratique » (application, commentaire et texte) que vient de publier M. Mouneydier. Avocat à la Cour de Paris. Ce manuel intéressera les Propriétaires.

ORDURES. — **Déchets des Boutiquiers.** — Certains commerces nécessitent l'enlèvement journalier d'une énorme quantité d'ordures et déchets (épiciers, fruitiers, notamment) pour lesquels il est bon de prévoir la clause ci-après : « Le preneur s'interdit de verser dans les caisses de l'immeuble les ordures et déchets provenant de son commerce (ou de son industrie) et s'oblige à se munir d'une caisse pour son usage personnel, tout en se conformant à l'arrêté Préfectoral. » Ceci afin d'éviter que les autres Locataires de l'immeuble ne viennent à se trouver privés de faire usage de la caisse de la maison, où souvent il n'y en a qu'une à leur disposition.

RÉPARATIONS, RÉTENTION. — Le Locataire n'est pas obligé de laisser faire les réparations avant le 1er, le 8 ou le 15, s'il ne s'y est pas engagé. Clause: « Dans le cas où des réparations locatives incomberaient au preneur M..... s'engage à en dresser l'énumération conjointement avec le bailleur et ce, un mois avant l'expiration du bail, et d'effectuer ou laisser effectuer les dites réparations, ou à défaut consigner une somme égale au dixième du loyer annuel (ou stipuler une somme fixe); faute de quoi le bailleur est autorisé à exercer son droit de rétention. »

L'art. 1752 du Code Civil impose au Locataire, le devoir de garnir les lieux loués de meubles suffisants pour répondre du loyer. En outre, l'art. 2102 du Code Civil, qui consacre le privilège pour le paiement des loyers est complété ainsi : « Le même privilège a lieu pour les réparations locatives et pour tout ce qui concerne l'exécution du bail. En conséquence pour exercer ce droit il faut recourir aux formalités de la Saisie Gagerie, précisément à un moment où le temps fait défaut, mais si le Propriétaire a pris soin de mentionner la clause ci-dessus, le preneur qui s'y est obligé ne peut s'y soustraire, et le Propriétaire est dans son d oit strict en retenant les meubles compensant la la valeur approximative des réparations locatives ou du loyer restant dû. En agissant ainsi, quoi qu'on en dise, il ne se fait pas justice lui-même il ne fait qu'exercer un droit de rétention appartenant à tout créancier gagiste, il n'y a pas là mesure d'inégalité, car l'enlèvement des meubles équivaudrait pour lui à la perte de ses loyers. Lorsque sur la demande du Propriétaire, la police intervient, pour empêcher l'enlèvement des meubles, elle ne commet aucun abus de pouvoir. (Sous le titre : « Déménagement par la Force » à paru dans le journal « La Liberté » du 9 janvier 1911, un très intéressant article de M. Joseph Guérin, lequel a été également reproduit dans la « La France Immobilière » N° 103, du 15 janvier 1912.

SOUS-LOCATAIRE. (Constructions faites par le). — Lorsque dans un bail il est convenu que le preneur devra laisser la construction ou améliorations par lui faites, cette clause s'étend aux sous-locataires auxquels le preneur à céder tout ou partie des lieux qui lui ont été concédés. Il va de soi qu'il ne peut conférer à ses cessionnaires plus de droits vis-à-vis du bailleur qu'il n'en a lui-même et notamment les autoriser à enlever les constructions par eux édifiées sur l'immeuble loué. (Extrait de Entre Porpriétaire et Locataires de M. D. Masé).

SOUS-LOCATAIRE (Le Propriétaire et le). — Le bailleur n'a pas à connaître le sous-locataire il doit toujours s'adresser au preneur, c'est-à-dire celui avec lequel il a passé le bail. Les quittances doivent toujours être au nom du preneur ou du cessionnaire, qui lui, a acquis les droits du preneur. La résiliation du bail emporte la résiliation des sous-baux, étant que la sous-location ne peut survivre au bail principal; dans ce cas le Locataire principal est tenu à des dommages-intérêts pour le préjudice qu'il peut causer à ses sous-locataires. (Prop. et Loc. de D. Massé).

VESTIBULE (accès aux boutiquiers). — Le Locataire d'une boutique, à moins de stipulations expresses du bail, a-t-il droit au passage pour lui, les membres de sa famille, ses visiteurs et fournisseurs, par l'entrée principale de l'immeuble, l'accès de sa boutique, par la porte de sa devanture étant réservée à l'usage exclusif de la clientèle? Saisis de la question, les juges de la première instance décidèrent que le locataire-boutiquier avait libre accès au dehors par l'entrée de sa boutique, et que rien n'indiquait dans le silence du bail à cet égard, son droit au passage par l'entrée principale de l'immeuble. Les juges d'appel ont été d'un avis diamétralement opposé. Dans l'arrêt infirmatif rendu la 5e Ch. de la Cour à consacré le droit du Locataire-boutiquier à l'usage de la porte-cochère, ajoutant que les concierges devraient recevoir son courrier et laisser passer ses visiteurs et ses fournisseurs. Le Propriétaire a été condamné à 1.000 fr. de dommages-intérêts pour troubles apportés dans la paisible jouissance de la boutique louée (du « Journal »).

Il est bon de retenir de ce jugement, que le Propriétaire qui voudrait éviter aux autres Locataires de se rencontrer avec des fournisseurs, et notamment avec des garçons livreurs, devra interdire à son boutiquier, l'usage du vestibule. Mais il faut tenir compte aussi, que s'il existe un escalier de service en communication avec une partie des locaux occupés par le Boutiquier il est tout naturel que celui-ci y ait droit. Le bail pourra toujours interdire le stationnement, le dépôt de caisses, voiturettes, tri-porteurs ou tout encombrement dans l'allée de la maison.

2. — Clauses spéciales et Renseignements afférents aux Commerces et Professions ci-après :

ACTEURS- ACTRICES. — Clauses concernant la musique, le chant. (Voir BAUX), consentis aux femmes. **OPPOSITIONS** aux appointements d'artistes. Si vous avez un un une Locataire artiste qui vous doit des loyers arriérés, et que vous voulez mettre opposition sur ses salaires, il est bon de se rendre compte au préalable si le directeur n'a pas consenti une avance sur le traitement. Il a été jugé le 20 Novembre 1910. qu'un Directeur peut consentir des avances à ses pensionnaires pour les défrayer de leurs frais, et le créancier opposant, n'est pas fondé à réclamer la restitution des dites avances, d'autant qu'il ne rapporte pas la preuve, que ce paiement anticipé de salaires non échus ait été fait en fraude des droits des créanciers (du « Journal »).

AGENCES. — Clauses relatives au stationnement, interdictions de réunions publiques. Enseignes Cl. d'indemnité de résiliation dans le cas de retrait d'une autorisation administrative. (Voir BAUX résiliation).

ARTISTES, Peintres, Sculpteurs, etc.— Mêmes clauses que pour acteurs applicables au sujet du client ou marchand pour l'œuvre en cours.

ATELIERS. — Suivant leur destination, clauses concernant l'entretien du carrelage, des vitrages, de l'installation de machines. (Voir également Ch. IV).

AUTOMOBILES. — Pour un garage professionnel prévoir bruit, stationnement, malpropreté (taches d'huile et graisse), dépôt d'essence (surprime d'assurance), etc. (Pour tous autres renseignements voir Chap. II).

BAINS (Etablissements de). — Humidité causée par les buées constantes des salles de bains. Surcroît de chaleur dans les autres locaux par suite de la chauffe continue du calorifère. Odeurs (barège, pennès, soufre, etc.)

BAZAR. — Incendie (surprime). Encombrement.

BIJOUTIER. — Prévoir assurance contre le vol, obligation du preneur de pourvoir aux fermetures, serrures, etc. Tenir compte du plus ou moins de fraîcheur ou humidité des locaux préjudiciable à l'horloger. Est concurrent le Mercier-Bazar vendant des objets argentés ou de luxe.

BLANCHISSEUSE. — Consommation d'eau. Humidité provoquée par le séchage du linge.

BOUCHER. — Précautions à prendre en rapport à l'état, glacières, enlèvement journalier des déchets et viandes avariées. Convention concernant la devanture (grille, marquise).

BOULANGERS. — Bruit. Chaleur communiquée aux locaux. Incendie (surprime d'assurance). Cafards. Consommation d'eau par compteur. Epandage de la suie. Si le four est construit par le Propriétaire, le preneur en doit les réparations comme ustensile à son industrie.

Le voisinage d'une boulangerie n'est pas sans inconvénients, et la projection de suie en est un des premiers. Insérer dans les baux : « Le preneur s'oblige à faire exécuter à ses frais tous travaux, apporter toutes améliorations nécessaires pour ne point nuire à la tranquillité des autres Locataires et des voisins, notamment remédier aux inconvénients de la suie et des flammèches.

N'est pas concurrent du boulanger le pâtissier ou le confiseur.

BROCANTEUR. — Malpropreté. Etalage. Incendie, interdiction d'embarrasser la cour.

BROCHEUR-RELIEUR. — Incendie. Odeurs des colles, mais non continues.

BUREAUX pour : Entrepreneurs, Commissionnaires, Courtiers. — Interdiction de stationner dans les vestibule et escalier, d'encombrer avec des caisses, bicyclettes. Usage de l'escalier de service s'il en existe un. Ordres formels et écrits donnés au concierge sans garantie du Propriétaire. (Voir Chap. VII et VIII aux formules).

BUREAUX de PLACEMENT et de Reconnaissances du Mont de Piété. — Clauses d'interdiction de stationnement. Baux: résiliation avec indemnité en cas de retrait de l'autorisation administrative. (voir **Baux Résiliation**).

CAFÉS (Marchand de). — Odeurs et fumées occasionnées par le brûlage. Obligation du preneur de se munir d'appareils perfectionnés pour refouler dans des conduits spéciaux.

CAFÉS Établissement. — Clause : Le preneur devra veiller à ce qu'aucun trouble ne soit causé de nature à nuire à la tranquillité des autres locataires. Musique. Voir **Concert**.

CHARCUTIER. — Mauvaises odeurs, prévoir à la charge du preneur tous appareils de ventilation nécessaires. Ecoulement des eaux grasses et autres directement branché sur l'égout. Enlèvement journalier des déchets et viandes avariées. Glacières. Excès de chaleur. Consommation d'eau par compteur.

CHARBONNIER. — Saleté, poussière du charbon.

CHAPELIER. — (Voir Modes).

CLINIQUE MÉDICALE. — Stationnement. Troubles causés par les visiteurs.

COIFFEUR. — Consommation d'eau au compteur. Vente d'articles de parfumerie et de fantaisie.

CONCERT MUSIC-HALL. — A l'encontre du Préfet de Police, le Président du Tribunal Civil a réglementé dans un jugement rendu en juin 1912, que la composition des orchestres des cafés ou cabarets à la mode ne pourrait excéder 6 musiciens, et que la fermeture ou la cessation du concert ne pourrait être prolongé au delà du règlement de Police, et au-dessus de 3 heures du matin. « du Journal ». (Voir au mot **BAUX** résiliation, et Chap. IV Voisinage).

CORDONNIER. — Bruit. Interdire de taper avant 7 heures le matin et après 9 heures le soir.

COULEURS (Marchand de) Entreprise de peinture. — Incendie, surprime à prévoir pour l'assurance. Interdiction de laver les camions dans la cour. Précautions à prendre pour le passage des échelles. Dégradations.

COURS D'Institution, de Musique. (Voir ces mots.)

COUTURIÈRE. — Bruit, obligation de munir les machines à coudre de coussinets. Escalier de service.

CREMIER. — Prévoir consommation d'eau anormale. Interdictions et tolérance pour la vente de certains produits. Est concurrent l'épicier qui vend: lait, beurre et œufs. Fait concurrence à l'épicier, au charcutier s'il vend des conserves et viandes froides.

DÉCOUPEURS. — Bruit des machines. Incendie s'il y a amoncellement de rognures.

ÉCURIES. — Voir Loueur de voitures.

ENFANTS (Garderie d') Bruit. Dégradations.

EMBALLEUR. — Bruit, interdire de taper avant 7 heures le matin et après 8 heures le soir. Trépidation des machines (scies rotatives, raboteuses, Moteurs, Incendie.

ÉPICIER. — C'est sans contredit le commerce donnant le plus d'extension à la vente, on ne peut pas tout limiter, c'est au propriétaire à apprécier suivant le nombre de boutiques de son immeuble ce qu'il peut autoriser. La vente du lait, du beurre, des œufs, fait une concurrence au crémier; celle du pétrole, essences, au marchand de couleurs; celle de jambon, pâté, saucisson, lard, est exclusive au charcutier; la mise en vente de volailles mortes ou vivantes concurrence le marchand de volailles. L'épicier qui vend du vin à emporter ne fait pas concurrence au marchand de vins, mais il ne doit pas vendre de vin au comptoir. L'épicier qui fait le brûlage du café doit avoir un appareil perfectionné de façon à refouler les odeurs et les fumées pour ne pas incommoder les locataires (Voir **Marchand de CAFÉS**). S'il vend des pétroles, essences huiles minérales, la quantité en magasin doit être limitative suivant l'ordonnance de police. Usage de la cour limité. Clause: ordures. Observer réglementation de l'étalage.

ÉTALAGES, ÉTAGISTES. — Pour tous ces commerces les règlements de police sont applicables (Voir Eventaires).

ETAMEUR. — Mauvaises odeurs occasionnées par la fonte de l'étain.

EVENTAIRES. — En général, on désigne sous ce nom les petits commerces susceptibles de tenir peu de place et être exercés dans une partie de la devanture ou de la terrasse d'un boutiquier ou encore dans le vestibule ou allée de l'immeuble. Ne faire ce genre de location qu'au mois ou à l'année au plus (Voir précédemment même mot : Eventaires.

FAÇONNIERS. — Il y a des façonniers pour tous genres de commerces, c'est au propriétaire à voir les inconvénients, en se reportant à l'énumération des professions. En général les façonniers ont chez eux des marchandises qui ne leur appartiennent pas, et sur lesquelles le propriétaire n'a aucun droit.

FONCTIONNAIRES. — Véritable armée dont l'énumération des catégories demanderait des pages. Une clause à insérer est celle visant le déplacement, prévoir la même que pour le décès (voyez ce mot précédent) et ajouter: « En cas de changement ou de retraite de Mr ... le bail sera résilié dans les mêmes conditions que s'il venait à décéder ». Pour les petites locations s'en tenir à l'indemnité d'un terme, nécessaire à la relocation, quand le congé n'a pas été donné en temps opportun. On peut également autoriser à sous-louer.

FRITES (Marchand de). — Inconvénient : Mauvaise odeur. V. **Eventaires**

FRUITIER. — Commerce se rattachant beaucoup au crémier et à l'épicier. Tolérance de vente à faire observer. Ne concurrence pas le restaurateur en vendant des légumes cuits à emporter. Bien des fruitiers élèvent de la volaille, des lapins surtout; réglementer l'emplacement des cabanes, ne pas trop les tolérer dans les cours (mauvaises odeurs). Clause des ordures nécessaires (Voir ce mot précédent et suivi de déchets de boutiquiers). Ne pas omettre de se conformer aux règlements de police. Consommation d'eau anormale.

HERBORISTE. — Commerce ne présentant pas d'inconvénients, mais auquel le tenancier adjoint bien des accessoires : parfumerie, cafés, articles divers, etc., lesquels sont à limiter selon appréciation du propriétaire. La plupart des herboristeries sont tenues par des Sage-femmes (Voir ce mot).

HORLOGER. — Mêmes conditions que pour **BIJOUTIER-JOAILLIER** (Voir ce mot).

HUITRES (Marchand d'). — Voir **EVENTAIRES**. Imposer caisse à ordures, ne rien jeter dans celle de la maison.

IMPRIMEUR. — Bruit, trépidation des machines. Si cette industrie doit être exploitée aux étages, s'assurer que les planchers sont susceptibles de supporter des charges. Se faire remettre une liste du matériel avec indication du poids de chaque machine, et celui approximatif des cases de caractères Consulter au besoin un architecte.

INSTITUTIONS. — Bruit et dégradations par les enfants. En appartement s'assurer de l'assentiment des autres locataires. Usage de la cour.

JOURNAUX. — Voir **EVENTAIRES** pour vente à l'étalage. Les journaux sont généralement vendus par les libraires, ou adjoints à la vente par les laitiers, coiffeurs-merciers, etc.

LAVOIR. — Cet établissement, en général, est installé dans une maison ou local indépendant. Il importe beaucoup qu'il y eu une entrée particulière. L'écoulement des eaux doit se faire par une conduite branchée directement à l'égout. Réserves à faire pour l'installation des machines et troubles causés par la clientèle. Le tenancier vend presque toujours les fournitures aux clientes : savon, eau de javel, bleu, brosses, etc. S'il existe un épicier ou marchand de couleurs (produits chimiques) dans la maison il peut parfaitement tenir ces articles sans pour cela faire concurrence, néanmoins pour éviter des contestations les mentionner dans les baux. Eau branchement spécial avec la Compagnie. Assurance contre l'incendie. Clauses à prévoir suivant état et disposition de l'immeuble.

LOUEUR DE VOITURES. — Deux et trois catégories. Voitures à bras, hippomobiles et automobiles. Dans l'une comme dans l'autre, il y a encombrement de l'allée, malpropreté occasionnée par les lavages, par les écuries. Pour les chevaux, il faut prévoir l'écoulement des urines, et le bruit; un contre mur est nécessaire jusqu'à hauteur de 0m60 à 0m70, si les écuries ne sont pas indépendantes de l'immeuble, ou sont contigues à une propriété habitable voisine. Clauses pour l'incendie et l'eau, consommation anormale. Un jugement des référés du 28 juin 1912 ordonne la main levée de la saisie-arrêt pratiquée entre les mains du propriétaire d'un garage dans lequel un petit loueur remise sa voiture automobile. Motif : l'article 592 code proc.civile « déclare insaisissables les instruments de travail. » En conséquence un instrument de 6 à 10.000 fr. ce qui est un capital, permet à son propriétaire de faire des dettes et de les payer quand il lui plaira, tout comme celui qui a une maison déclarée comme Bien de famille?

MARRONS (Marchand de). — Voir **EVENTAIRES.**

MÉCANICIEN. — Bruit. Mêmes observations que pour **IMPRIMEUR.**

MENUISIER. — Bruit. Interdire de taper avant 7 heures le matin et après 9 heures du soir. Incendie, prévoir surprime; usage de la cour

MERCIER. — Vends en général tout ce qui a trait à la nouveauté, adjoint bien des accessoires, c'est au propriétaire à limiter suivant le genre d'exploitation des autres locataires car il peut être concurrent du marchand de chaussures, du libraire, du coiffeur, etc.

MEUBLÉ (Chambre et appartement). — N'autoriser la sous-location partielle que sous toutes réserves. A prévoir que ces genres de location servent de lieux de rendez-vous, dont la fréquentation est de nature à jeter un discrédit sur l'immeuble. Responsabilités grandes.

MEUBLES (Marchand de). — En APPARTEMENT. Actuellement ce genre d'exploitation est assez répandu en raison du change qu'il donne à l'acheteur par des annonces appropriées. Un propriétaire qui loue un des appartements de sa maison pour exercer la vente des meubles, s'expose à se voir demander des dommages-intérêts par les autres locataires qui se sont engagés à habiter bourgeoisement les lieux loués, suivant leur contrat de location. Bien entendu si les locataires ont été informés de la dérogation faite au genre de location de la propriété, et qu'ils n'y ont pas fait d'objections, ils seraient mal fondés à en demander l'interdiction. Conclusion : n'autoriser la vente des meubles que sous toutes réserves, avec résiliation facultative du bail, s'il en est passé un. Le déménagement et l'emménagement continuel est un gros trouble de jouissance et occasionne au surplus des dégradations dans les escaliers. Un état des lieux est indispensable en la circonstance. Le va et vient des visiteurs est un sujet d'insécurité pour les autres locataires, aussi fera-t-on bien de n'accorder ce genre de location qu'après un examen approfondi et surtout d'interdire les ventes publiques.

MEUBLES (Marchand de). — Comme menuisier s'il y a atelier de réparations.

MODES. — Clause se rattachant à la location d'une boutique de marchand de modes. « De son côté M. X... (propriétaire) s'interdit de louer à une marchande de modes, les autres boutiques ou appartements de sa propriété, néanmoins il se réserve absolument le droit de louer à un coiffeur pour dames, soit à un fabricant ou marchand de fleurs et plumes, ou de dentelles et rubans, ou de mercerie, soit à une couturière, confectionneuse ou lingère, soit enfin à toute personne qui bien que ne faisant pas le même commerce que Mme D... (le preneur) pourrait cependant tenir ou vendre des objets similaires à l'exception de chapeaux confectionnés. » (de M. A. de Bélie).

Le chapelier fabrique et vends des chapeaux d'hommes et d'enfants du sexe masculin sortis du premier âge, tandis que la modiste confectionne des coiffures de femmes ou d'enfants en bas âge de l'un et l'autre sexe. La modiste n'est point concurrente du chapelier (Guide pratique des Baux et Locations de M. A. POIDVIN page 83).

MUSICIEN. — Même conditions que pour : ACTEURS-ARTISTES.

OFFICIERS dans l'Armée. — Mêmes clauses que pour : FONCTION-NAIRES (ne sont tenus à aucun avertissement et peuvent partir immédiatement pour cause de changement ou mutation (Poidvin).

PAPETIER. — Mêmes clauses que pour l'Imprimeur en ce qui concerne le matériel. Est considéré comme façonnier tout comme l'imprimeur lorsqu'il travaille exclusivement pour des boutiquiers commerçants ne fabriquant pas (Voir FAÇONNIERS). Cause d'incendie, par accumulation des papiers, notamment des rognures, lesquelles sont généralement remisées dans les caves.

PEINTRES en bâtiment. — Mêmes conditions que marchand de COULEURS. Usage de la Cour.

PHOTOGRAPHES. — Pas d'inconvénients à part le va et vient des visiteurs. Prévoir clause pour les vitrages, s'il en existe. Le droit d'apposer des vitrines murales dans le vestibule.

PROFESSEURS de musique et déclamation, de danse, gymnastique etc. — Généralement ces professions en ce qui concerne les leçons données au domicile du professeur, n'ont lieu que 2 ou 3 fois par semaine. Interdire d'une façon continue, à moins que ce ne soit dans des locaux indépendants d'où les bruits seraient peu perceptibles.

PLATRE-CHAUX etc (Dépot de). Poussière constante. Locaux indèpendants nécessaires.

PLACEMENT (Bureau de). — (Voyez BUREAUX).

POISSONS. — (Voir COMMERCE similaire et EVENTAIRES).

PROFESSIONS LIBÉRALES. — Sont celles d'avocat, contentieux, (agent d'affaires), médecin, sage-femme etc.) Le preneur ne peut exercer sa profession s'il ne l'a pas déclaré en passant le bail. A prévoir, allées et venues continuelles. Ne peut-être obligé de faire passer les clients par l'escalier de service.

RELIEURS. — Comme brocheurs, papetier-imprimeur en ce qui concerne les machines.

RECONNAISSANCES du Mont de Piété. — (Voir BUREAUX).

RESTAURANT. — Dans le sens proprement dit, n'est pas concurrent du marchands de vins s'il ne vends de la bière, des liqueurs, du café, etc.. qu'aux consommateurs prenant uniquement leurs repas dans son établissement. Le restaurateur peut vendre des huîtres et des escargots, de même que tous plats à emporter. Exiger caisse à ordure à l'usage de l'établissement.

ROTISSEURS. — Généralement a en magasin de la volaille et lapins vivants. Voir FRUITIERS.

SAGE-FEMME. — (Voir professions libérales). Clause relative à l'interdiction de faire des accouchements.

SERRURIER. — Bruit. Interdiction de taper avant 7 heures le matin et après 8 heures le soir. Usage de la cour, limité. Dégradations causées aux murs de l'allée etc.

TABAC (Marchand de). — Cette profession comprend la vente d'articles de fumeur : pipes, blagues, briquets et autres menus accessoires et celles de liqueurs et non de bière et de cafés. N'est pas concurrent d'un marchand de vins ou d'un mercier bimbelotier (Guide pratique A. Poidvin).

TEINTURIER. — Prévoir clause pour l'écoulement des eaux de teintures. Eau, consommation.

THÉATRE. — Ne s'exploite guère que dans les immeubles indépendants. (Voir CONCERT et **VOISINAGE**).

TRIPIER. — Mêmes clauses que pour boucher. Peut être autorisé à vendre du bouillon.

VINS-LIQUEURS. — Est exercé indépendamment ou simultanément avec celui de restaurateur. Prévoir consommation d'eau anormale. Le preneur veillera à ce qu'aucun trouble ne soit causé par la clientèle. Interdiction de faire de la musique (graphophone notamment, piano, orchestres etc. d'une façon continue, et après 11 heures du soir (ou minuit). Formule pour interdiction de commerce similaire: De son côté, M. (le propriétaire) s'interdit de louer à un marchand de vins liquoriste ou à d'autres personnes, ayant un état se rattachant à celui du preneur, les autres boutiques de sa propriété, néanmoins il n'entend pas être recherché dans les cas où il louerait à des commerçants d'une autre nature qui tiendraient cependant des produits similaires (A. de Bélie).

VOLAILLES et GIBIERS. — Voir Boucher Fruitier Rôtisseur.

AVIS. — Les commerces et professions énumérés ci-dessus sont celles les plus en vue, il sera toujours facile au propriétaire de rédiger les clauses d'un bail en rapport à la location qu'il aura à faire, en se basant sur les données de ces articles. Les renseignements qu'on ne trouvera pas dans ce chapitre, le sont dans les suivants, il faut consulter, surtout le chapitre VII qui a trait aux renseignements généraux.

CHAPITRE II
Propriétaires et Locataires

Ce chapitre vise la généralité des locataires et particulièrement ceux réservés à l'habitation, ainsi que tout ce qui concerne les accessoires de la location.

ACETYLENE (Eclairage à l'). — Voir chapitre premier.

AFFICHAGE. — Un propriétaire est en droit de s'opposer à ce que des affiches soient apposées sur les murs de sa propriété; de son côté le locataire ne saurait y consentir, cet affichage constituant une modification dans la destination des lieux loués, laquelle est interdite par l'article 1728 — Code Civil —. A moins de convention contraire, le locataire d'une maison entière a le droit de placer des affiches, enseignes sur une partie quelconque des murs. Le propriétaire a le droit de placer un écriteau à l'étage du local à louer sans toutefois que les dimensions inusitées gênent le locataire.

ANIMAUX. — Le locataire peut avoir des chiens, chats, perroquets ou autres animaux pourvu qu'ils ne soient pas une cause de trouble pour les autres locataires, à moins qu'une clause formelle les interdisent. Ne tolérer que sous toutes réserves. Voir clause à ce sujet dans l'Engagement type chap. VII.

ASCENSEUR. — Le propriétaire est responsable non seulement des accidents survenus à ses locataires et concierges, mais également vis-à-vis des tiers leur rendant visite ou à leur service. En conséquence c'est au propriétaire de s'assurer que les ascenseurs sont munis d'appareils de protection en bon état et d'un fonctionnement parfait. Il importe beaucoup que les propriétaires tiennent sérieusement compte des travaux à effectuer à l'ascenseur et qui leur sont signalés par le constructeur qui en a l'entretien. Ne faisant pas exécuter **d'urgence** les réparations ou améliorations indispensables, le propriétaire, malgré son assurance sur le recours en action civile, supporte l'amende et les dépens. En l'espèce, un propriétaire a été condamné à 300 francs d'amende, à la suite de la rupture d'un câble ayant occasionné la mort d'un locataire. Les accidents d'ascenseur sont fréquents et quoique le locataire ne peut être forcé de s'adresser au concierge, les propriétaires se dégageront néanmoins d'une partie des responsabilités qu'ils encourent en plaçant bien en évidence dans la cabine et à l'entrée de la cage, un règlement de manœuvre en y ajoutant : « En cas d'incompréhension, s'adresser au concierge » ainsi que : « L'ascenseur est interdit aux enfants non accompagnés. Ayant pressé le bouton de descente avant d'être sortie de la cabine, une fillette de 6 ans fut tuée. Autre son de cloche : Un locataire actionna son propriétaire et le constructeur chargé de l'entretien sous prétexte que l'appareil était d'un vieux système et cause de son accident. Le Tribunal n'a pas admis sa thèse « Attendu qu'on ne saurait d'une part obliger un propriétaire à modifier un ascenseur qui fonctionne normalement, sous le prétexte que depuis sa construction on en fabrique de plus perfectionnés, et d'autre part rendre responsable postérieurement à la livraison un constructeur qui a fourni un appareil dépourvu de vices de construction pour l'époque où il a été fabriqué, qui se charge de l'entretien comme tel, et qui ne s'est pas engagé à le perfectionner au fur et à mesure des progrès de la science.»

ASSENTIMENT. — Voir ce mot chapitre premier.

AUTOMOBILES. — L'accès des automobiles dans la cour de l'immeuble ne peut être demandé par un locataire qui, lors de la signature de la location, n'a pas fait connaître qu'il possédait ou avait l'intention d'avoir une automobile. Les usages locaux n'admettent cet accès que dans les immeubles possédant des remises pour ces véhicules (Cour d'appel de Besançon, 9 avril 1910. Gazette des Tribunaux 16 juillet 1910).

BAIL avec PROMESSE de Vente. — Un propriétaire qui a consenti un bail avec promesse de vendre tout ou partie de sa propriété à son locataire, ne peut vendre antérieurement à la date d'expiration de la dite promesse à un autre acquéreur, ayant pour but de causer un préjudice au locataire son concurrent. Lors même que l'acquéreur se serait engagé à respecter les clauses du bail, y compris la cession de l'immeuble au locataire. Le propriétaire bailleur et l'acquéreur seraient condamnés à des dommages-intérêts ainsi qu'à l'annulation de la vente frauduleuse (Cour d'appel de Nancy 4 avril 1906).

BICYCLETTES. — Le locataire, possesseur d'une bicyclette ou voiture d'enfant, a le droit de la monter dans son appartement, et par le grand escalier, sauf stipulation contraire dans le bail ou s'il existe un garage dans l'immeuble. Un garage indépendant (case fermée) peut être loué; commun, non, car il est un accessoire d'immeuble par destination.

CALORIFÈRES. — Les baux et engagements faits jusqu'à ce jour contiennent une clause relative au chauffage, qui est incomplète et pour laquelle une distinction s'impose, c'est du reste ce qu'a pensé M. Pacton dans un jugement qu'il a rendu en juin 1912 à la 5e chambre. La clause imprimée dit: « Le calorifère sera allumé du 1er ou 15 octobre au 1er ou 15 avril de 6 heures à minuit, sans garantie de température et le locataire renonce à l'avance à toute réclamation de ce genre. Cette clause n'est pas valable et les tribunaux de Justice de Paix la déclare nulle comme léonine et contenant une condition purement potestative de la part du propriétaire (du « Journal »). En effet, il faut voir dans la limitation du chauffage une question d'économie de combustible. D'un autre côté il faut envisager l'imprévu d'un vice de construction et alors dans ce cas la clause est valable. En conséquence modifier la clause comme suit : après le mot genre,.... mettre : dans le cas où la dépression de chaleur proviendrait d'un vice de construction ignoré du propriétaire. Il va de soi que les réparations devront être faites rapidement pour satisfaire les locataires. Bien préciser les deux dates entre lesquelles doit fonctionner le calorifère, c'est le meilleur moyen d'éviter des contestations.

CALORIFÈRE. — Surchauffe occasionnée par les conduits (voir Conduits de fumée).

CAUTIONNAIRE. — Voir au chapitre VII formule de caution.

CLEFS. — La remise des clefs d'un appartement par le locataire à la concierge se présente très souvent et dans différents buts : 1° Pour faire visiter le local à louer, 2° pour des réparations à effectuer, 3° pour déposer des paquets, 4° pour aérer et soigner des plantes, etc., dans tous ces cas naturellement en l'absence du locataire. Il arrive parfois qu'il se produit un vol, et le propriétaire est presque toujours rendu responsable. Pour atténuer les rigueurs qui sont souvent les conséquences d'une complaisance, le propriétaire fera bien de mentionner la clause relatée à l'Engagement type et au règlement de maison

CONDUITS DE FUMÉE. — Pour certains cas où les conduits passant dans des placards, débarras ou autres réduits mettre : « Il est fait mention que certains conduits de chaleur du calorifère ou et des cheminées sont contigus aux placards et débarras, le bailleur décline toute responsabilité au sujet de boissons, denrées ou tous objets susceptibles d'être détériorés par l'excès de chaleur.

CONGÉ. — Primitivement les six semaines d'avance pour le congé, n'étaient appliquées que pour les locaux au-dessous de 300 francs, cette somme portée à 400 permet de comprendre dans ces prix des petits appartements, et 3 mois ne sont pas de trop pour en faciliter la relocation, on peut déroger à l'usage par une clause spéciale sur l'engagement. On ne devrait considérer les six semaines que pour les chambres ou logements de deux pièces. Ne jamais accepter de congé pour le demi-terme. Convenir des dates fixes pour la remise du congé qui devra être envoyé directement au propriétaire (Voir engagement

CONSTRUCTIONS et AMÉLIORATIONS. — Voir chapitre premier.

CONTRIBUTIONS. — Voir chapitre VI.

CORRESPONDANCE. — Voir chapitre III (Concierges).

DÉCÈS. — Lors d'un décès des suites d'une maladie contagieuse, le locataire doit faire désinfecter. Voir également chapitre premier.

DÉPART ANTICIPÉ. — Le locataire qui a déménagé avant l'expiration de sa location, tout en ayant remis les clefs au concierge est fondé à réclamer une indemnité au propriétaire qui a autorisé un nouveau locataire à prendre possession des locaux abandonnés. Un bon conseil : n'attendez pas d'avoir reloué ou mieux ne vous engagez pas à donner les lieux sans demander au locataire sortant la permission de laisser rentrer le nouvel occupant, faites vous autoriser par écrit en recevant les clefs, ne vous contentez par d'un consentement verbal, car il pourrait bien être contredit. Il est même parfois préférable de laisser le nouveau locataire s'arranger avec le précédent, néanmoins exiger une décharge. (Voir Engagement type).

Lorsqu'un locataire a quitté avant l'expiration de sa location, a-t-il le droit de faire occuper les lieux par d'autres personnes, et ce à sa fantaisie? Oui, mais il est responsable des dégâts et troubles, et comme cet agissement est actuellement envisagé par certains locataires, dans le but d'être désagréables au concierge et au propriétaire, il est bon d'y mettre obstacle en interdisant la réoccupation par d'autres personnes en mentionnant une clause formelle à ce sujet (voir Engagement type).

DÉPENDANCES ACCESSOIRES. — Voir Accessoires chapitre premier.

EAU. — Quels que peuvent être les motifs de griefs qu'un propriétaire puisse avoir contre un locataire, il n'a pas le droit d'interrompre la distribution de l'eau; en agissant ainsi il encoure une condamnation à des dommages-intérêts et aux frais du procès. Lorsqu'un propriétaire fait payer au locataire une redevance pour la consommation d'eau, il doit la mentionner dans l'énumération des charges, autrement il est tenu au remboursement, l'eau étant une charge d'immeuble.

ÉCLAIRAGE. — Généralement à Paris les escaliers sont éclairés depuis la chute du jour (ou avant lorsque l'escalier est sombre) jusqu'à 10 heures dans les immeubles de loyers moyens, jusqu'à 11 heures pour certains, et même jusqu'à minuit dans les maisons d'un loyer très élevé. L'escalier de service jusqu'à 10 heures. Un concierge qui, par économie et surtout pour récupérer la consommation exagérée de sa loge, éteint avant l'heure prescrite, expose son propriétaire à des dommages-intérêts pour abus de jouissance. Un locataire qui désire que le grand escalier soit éclairé à une heure plus prolongée doit en faire la demande au propriétaire et payer le surplus de consommation. Pour éviter des contestations, il faut mentionner dans le Règlement de Maison, les heures d'éclairage. D'un jugement du 3 juillet 1912 : La minuterie posée dans les escaliers pour que le locataire s'éclaire lorsqu'il rentre ne permet pas ce mode d'emploi à un visiteur, qui lui ignore où est placé le bouton. Jugé que l'escalier doit être éclairé sans interruption jusqu'à 10 heures.

EMMÉNAGEMENT. — Lorsqu'un locataire sortant ne remet les clefs que le 15, et que le nouveau locataire a demandé des réparations, lesquelles ne pouvant être faites qu'à partir du 15, est-il en droit de réclamer à son propriétaire les frais d'hôtel et de garde-meuble qu'il prétend avoir fait? Oui a répondu le Juge de Paix, appelé à trancher le différend. Oui, également ont dit les juges de la 7e Chambre sur appel du propriétaire. En conséquence, mettre dans les baux et engagements une clause en prévision où le cas ci-dessus se présentait (Voir Engagement type chapitre VIII, voir également chap. VII : Dégâts causés par les déménageurs).

ÉTAT DES LIEUX. — Voir chapitre premier.

GARAGE. — Ne constitue pas un dépôt nécessaire le remisage d'une bicyclette par un locataire dans le garage de la maison. Le dépôt volontaire ne peut s'induire que de la volonté des parties, manifestée par les éléments de la cause. Le propriétaire-bailleur n'est engagé vis-à-vis du locataire victime d'un vol d'une bicyclette remisée dans le garage, mis à sa disposition moyennant un loyer déterminé, que si le concierge, représentant du propriétaire a commis une faute dans les termes du droit commun. Tribunal Civil 13 juillet 1910 7e chambre Extrait du Journal des propriétaires (Voir également **BICYCLETTES**) et Engagement type chapitre VIII.

GRAND ESCALIER. — L'usage du grand escalier peut être interdit aux fournisseurs, il n'en est pas de même pour les visiteurs, lors même que ceux-ci seraient d'une mise laissant à supposer que ce sont des fournisseurs, et pour lesquels le concierge devra tenir compte des professions exercées par certains locataires de l'immeuble.

HOMONYMIE. — Il arrive parfois qu'un propriétaire loue à deux locataires portant le même nom, de ce fait il se produit des erreurs dans la remise de la correspondance, et dans les indications données aux visiteurs, si les locataires ne recommandent pas à « leurs correspondants » de bien mentionner les prénoms et professions. Pour éviter toutes discussions pouvant donner lieu par la suite à un procès, comme cela est déjà arrivé, le propriétaire devra lorsqu'il louera à un quelconque locataire le même nom qu'un autre locataire, prévenir le nouveau, et spécifier dans la location que ce dernier sera « tenu de prendre les mesures qui lui conviendront pour éviter toute confusion avec M. X... locataire actuel de ladite maison. » Malgré le défaut de prénoms, le concierge est obligé de recevoir les lettres, c'est à lui d'envisager lequel des deux locataires est susceptible de prendre la correspondance (Voir chapitre III).

INCENDIE. — C'est une erreur de la part du locataire de croire qu'il n'est pas responsable, de l'incendie causé par un feu de cheminée, du moment que le propriétaire fait effectuer le ramonage, c'est au locataire à prouver d'une façon irréfutable que l'incendie communiqué par la cheminée provient d'un vice de construction d'un cas fortuit ou de force majeure ou a été communiqué par une maison voisine, en un mot il faut qu'il établisse qu'il se trouve dans l'un des cas énumérés par l'article 1733 du Code Civil. Dans un récent procès, un locataire a dû rembourser à la compagnie d'assurance du propriétaire une somme de 1500 francs, montant des dégâts occasionnés à l'immeuble. C'est au locataire à faire mentionner dans sa police d'assurance le risque locatif et le recours des voisins (Voir engagement type). Chapitre VIII.

Comme il est dit au paragraphe POELES MOBILES, les cheminées d'aujourd'hui, celles que l'on construit dans nos maisons modernes, avec des poteries dites « wagons » sont des cheminées bistrées. La combustion du bois notamment, dans ces genres de conduits de fumée, laisse se déposer aux parois une espèce de goudron, appelé bistre. Le ramonage au hérisson est impuissant à enlever le bistre, de sorte que, quoi que la suie ait disparu, le bistre se trouve éraillé et comme il est très inflammable, il suffit d'une étincelle pour provoquer un feu de cheminée. Le fait s'étant produit, le locataire a été déclaré irresponsable, et la cheminée considérée comme vice de construction, le propriétaire a dû supporter le montant des dégats. Pour certaines locations, tenir compte dans les baux de l'état des cheminées.

INDEMNITÉ DE RELOCATION. — Le preneur est tenu d'indemniser le bailleur à la suite de la résiliation de son bail ou pour l'exécution des réparations locatives non exécutées ou qui n'auraient pu se faire, et ce pour le temps nécessaire a la relocation des lieux, ou fixer un forfait. — L'art. 1760 du Code civil stipule formellement le droit acquit au bailleur à ce sujet. (Voir **Réparations** Chap. 1).

LOCATION aux Femmes et Mineurs. — (Voir **BAUX** chapitre premier).

MACHINES. — Le locataire qui fait usage d'une machine à coudre, doit la munir de coussinets d'épaisseur suffisante pour en amortir la trépidation, et ne pas en faire usage avant 7 heures le matin et après 10 heures le soir. Si vous louez à une industrie ou commerce susceptible d'apporter un trouble de jouissance à vos locataires, il est bon de prévoir la clause ci-après, notamment en ce qui concerne l'installation d'une machine. « Le preneur fera son affaire de tous troubles de jouissance que l'exploitation de son industrie, ou l'installation de ses machines pourrait occasioner aux locataires. »

MEUBLES EN LOCATION. — Le propriétaire n'a pas de privilèges sur les meubles fournis en location ou vendus à crédit si le contrat lui a été dénoncé en temps voulu. Il en est de même pour le mobilier appartenant à la femme mariée sous régime de séparation de biens qui a fait connaître la clause ne la rendant pas responsable. De même également pour les meubles appartenant à un tiers logé gratuitement par le locataire, s'il en avise le propriétaire avant de les introduire dans les lieux. En cas contraire il n'y a pas de discussion possible, et tout ce qui est emménagé par le locataire est présumé lui appartenir et constitue dès lors le privilège de la garantie du bailleur (Voir engagement type chapitre VIII).

PAQUETS. — Il arrive journellement qu'en l'absence du locataire on remet des paquets ou colis au concierge, celui-ci a-t-il le droit de refuser de recevoir un colis? Cette question d'une utilité indiscutable, a été soumise au Tribunal de Paix du 18° arrondissement. Un locataire réclamait 100 francs de dommages-intérêts à son concierge, celui-ci ayant refusé de prendre livraison d'un colis; la demande a été repoussée : « Attendu qu'en l'absence d'un ordre ou mandat spécialement donné et avisant le concierge qu'il ait à recevoir, il n'entre pas dans son service de concierge de signer pour le locataire une décharge quelconque (il doit être comme on sait donner une signature à la réception du colis postal) alors surtout qu'il peut appartenir au locataire de refuser un colis qui lui est adressé. » En résumé, d'après ce jugement les concierges étant obligés de signer, ils sont en droit de refuser les colis postaux adressés à leurs locataires (du « Journal »). Il résulte de ceci qu'avec un locataire grincheux, le concierge fera bien de se faire autoriser par écrit à recevoir aux lieu et place du dit locataire. Il est évident qu'il arrive fréquemment des envois inattendus et pour éviter des ennuis l'autorisation peut être donnée une fois pour toutes avec réserve dans le cas où il y aurait à payer. Un concierge soucieux de sa tranquilité devrait avoir un livre sur lequel serait relatées toutes les autorisations qui lui sont données. On fera bien de tenir compte de la clause des paquets dans le réglement de maison (Voir ce réglement et Engagement type chapitr VIII).

POELES MOBILES. — L'usage des poêles mobiles est très répandu, mais certains sont de construction laissant beaucoup à désirer, la plupart des conduits de fumée des bâtiments actuels ne se prêtent pas à leur emploi, S'il survient un accident par suite d'intoxication, le propriétaire est responsable d'autant plus que s'il n'a pas prévenu le locataire que les cheminées ne se prêtaient pas à ce mode de chauffage (Voir Engagement type). Si l'intoxication se produite par suite d'un vice de construction, par exemple, les conduits de fumée fendus, le Propriétaire est responsable; lorsque l'on s'apperçoit que le mur est fendillé, visible par la trainée laissée par la fumée, ou encore par le papier déchiré ou crevasse de la peinture; il serait prudent de reboucher cette fissure en ayant soin de l'ouvrir au préalable, lors même qu'elle ne paraîtrait que superficielle. Dès que l'on remet du papier neuf dans une pièce, exiger de l'entrepreneur le grattage de l'ancien papier sur les parties couvrant l'emplacement des conduits de fumée.

QUITTANCES. — Le Locataire ne peut invoquer le motif de réparations, de troubles de jouissance, de dégats ou autres pour refuser de payer sa quittance lors de l'échéance du terme. En un mot, il ne peut se faire justice lui-même, en s'accordant un droit de rétention en évaluant lui-même jusqu'à qu'elle somme il est en droit de refuser le paiement de ses loyers, d'apprécier seul le montant des domages et diminution de loyer auquel il peut avoir droit. Cette dette, si dette il y a, n'est ni liquide ni exigible, tandis que celle du loyer échu l'est intégralement. Le locataire doit donc solder sa quittance et poursuivre ensuite son propriétaire, si celui-ci ne lui donne pas satisfaction dans un délai déterminé (Voir chapitre VIII, formule de quittance).

RAMONAGE. — Le ramonage des cheminées est de droit à la charge des locataires. C'est une des contestations des plus marquantes entre Propriétaires et Locataires. Lorsque le Locataire doit payer à l'époque du ramonage, il argue toujours : 1° s'il est emménagé après la saison d'hiver qu'il ne doit rien n'ayant pas eu encore à se servir des cheminées; 2° s'il doit déménager il dit ne pas vouloir payer pour d'autres. Le mieux est de faire payer le ramonage avec les charges, le prix ainsi englobé se trouve fractionné à chaque terme sur la quittance. Généralement on fait rarement du feu dans les chambres, et pour atténuer les charges, il pourrait être convenu que le ramonage compris dans les charges ne concerne que le fourneau de cuisine et la cheminée de salle à manger (ou celle d'une autre pièce en compensation). Pour toute cheminée supplémentaire le prix en serait payé au fumiste du propriétaire (Voir engagement type chapitre VII). Une bonne précaution: faire présenter par le fumiste, lors du ramonage, un bordereau sur lequl les locataires seront invités à apposer leur signature. C'est un contrôle et une garantie qui ont été utilisés en Justice de Paix contre un Locataire qui s'était refusé au ramonage 3 ans de suite (Voir formule chapitre VIII).

RÉPARATIONS LOCATIVES. — Elles doivent être faites avant l'enlèvement des meubles, quoique le locataire n'y est pas obligé (Voir même titre chapitre Ier). L'énumération sommaire des réparations est intercalée dans la formule CONGE type (Voir chapitre VII). Deux livres très bien documentés en la matière sont : Le Manuel Pratique des Propriétaires et Locataires de M. L. PABON (Nos 157 à 195) et celui de M. LE BÈGUE, sur le traité en général.

RÉSILIATION. — Le bail peut être résilié si le locataire exerce dans les lieux une autre profession que celle qu'il a indiquée en louant (Voir également BAUX, chapitre Ier).

SALLE DE BAINS. — Nous vivons dans une époque où l'on recherche toujours le dernier fait à approprier au confort moderne, afin d'atirer et de retenir les locataires. Les appartements des immeubles de premier rang sont pourvus de salles de bains comportant une installation d'appareils souvent compliqués; le chauffe-bains en est un des premiers. Le fils d'un locataire a le droit de faire usage du dit chauffe-bains installé dans l'appartement de son père, où il est reçu et en cas d'accident causé par cet appareil, il est fondé, indépendamment tout contrat, a réclamer contre le propriétaire, les architectes ou entrepreneurs, l'application de l'article 1382 du Code Civil (Tribunal de la Seine, 18 novembre 1902). (Gazette des tribunaux, 13 mars 1903). Voilà comment le progrès engendre des responsabilités supplémentaires pour les Propriétaires, lesquels devraient laisser les Locataires fournir eux-mêmes leur chauffe-bain, car cet appareil demande beaucoup de soins et d'entretien. On pourrait également passer un traité pour l'entretien par le fabricant.

SONNETTES. — Entretien à la charge du locataire.

SOUS-LOCATAIRE. — (Voir chapitre Ier).

TAPIS D'ESCALIER. — Les tapis doivent être nettoyés, le propriétaire doit les laisser en place du 15 octobre au 1er juillet. Il a le droit de les enlever pendant la période du 1er juillet au 15 octobre, à moins que l'usage de la maison ne comporte le remplacement du tapis d'hiver par un tapis d'été (d'après le guide pratique des Baux par A. Poldvin). Comme pour le ramonage comprendre la redevance pour le tapis, englobée dans les charges et payable par fraction, sans diminution pour la période de suspension, autrement le locataire peut exiger le remboursement pendant le temps du retrait. Un jugement récent a spécifié la période de suppression du tapis d'hiver du 1er juin au 1er octobre.

TÉLÉPHONE. — Le locataire a le droit d'installer le téléphone, mais comme pour l'électricité et le gaz, en référer au propriétaire (Voir aussi chapitre III).

TIERS. — Le propriétaire n'est pas responsable des troubles ou accidents causés par ses locataires, à des tiers autres que les colocataires. De même que le bailleur n'est pas tenu de garantir le preneur des troubles apportés par voie de faits par des tiers, c'est au preneur à les poursuivre.

VESTIBULE Entrée de l'immeuble occupé par des étalagistes (Voir Eventaires chapitre I).

CHAPITRE III
Propriétaires et Concierges

On trouvera dans cette partie tous renseignements auxquels un propriétaire doit initier son concierge.

CHOIX DU CONCIERGE. — La bonne tenue d'une maison est entièrement sous la dépendance du concierge, on ne saurait donc apporter trop de soins à faire son choix. Malheureusement il est bien difficile d'avoir des renseignements sérieux, car le délai de congédiement actuel de 8 jours est insuffisant pour se les procurer. La responsabilité des concierges est grande, mais en réalité, elle n'est que de surface. Tous accidents, toutes altercations qui surviennent dans un immeuble, lorsqu'ils peuvent donner lieu à des dommages-intérêts sont imputables à tort ou à raison au concierge. Le propriétaire est là pour endosser la responsabilité civile et c'est un procédé très pratique et productif à une catégorie de locataires, pour payer leurs termes. Les postulants concierges ne se rendent aucun compte des fonctions auxquelles ils sont appelés. Pour certains d'eux ces places leur assurent un abri, des étrennes et les distractions du commérage. C'est donc au propriétaire qu'incombe la tâche de les initier à ce qu'il attend d'eux; à cet effet pour s'épargner tous conciliabules qui seront à moitié écoutés et pas retenus, il fera bien de leur remettre en communication, un bon livre dont ils devront faire leur profit. Le Code du Logis de L. Grouard, Avocat est ici tout indiqué, ce sera le complément nécessaire des quelques renseignements et conseils qui vont suivre (V. Biblioth. du Propriétaire).

Lorsque l'on engage un concierge, on ne fait généralement pas de compromis, c'est un tort et il arrive assez souvent des désaccords, et le Propriétaire n'est pas toujours cru sur parole. Voici un modèle qui pourrait à la rigueur être appliqué, en y apportant les modifications loisibles.

CONTRAT

Entre les Soussignés :
1° M. Z............ Propriétaire, demeurant à............
2° Mme ou M. et Mme X.........(Pour la femme mettre née B.........)
autorisée de son mari solidaire et caution aux présentes.

Il a été convenu ce qui suit :
M. Z............ prend à son service Mme............ en qualité de Concierge de sa propriété sise à Paris............ à partir du...... ..
et ce aux conditions suivantes présentement acceptées.
1° Le logement composé de (désignation : 2 pièces et une cave).
2° Les gages fixés à la somme de (en toutes lettres)............ci 200 fr.
3° Indemnités pour fournitures, mettre :
    fixé à forfait, ou qui lui seront remboursées pour (Balais,
    brosses, chiffons, cire, plumeaux, tripoli, allumettes etc.),
    qui sera payé par fraction trimestrielle au 15 du terme. .. 40 »

                                TOTAL 240 fr.

Mme............ s'engage à tenir l'immeuble en bon état de propreté, à être polie avec les Locataires et leurs visiteurs; ouvrir la porte à toutes heures, monter les lettres dès leur réception et se conformer à toutes les obligations nécessitées par ses fonctions ainsi que d'avertir le Propriétaire dès qu'une réparation quelconque serait nécessaire. Lorsque Mme............ sera dans l'obligation de s'absenter, elle devra se faire remplacer par une personne sérieuse, sans toutefois que cette absence excède 24 heures. Mme............ est responsable des fautes commises dans l'exercice de ses fonctions et fera son affaire personnelle de l'acceptation des clefs, espèces, paquets ainsi que des dépôts que pourraient lui confier les Locataires. Elle ne devra en aucune façon accepter la remise des correspondances pour une personne non locataire ou ne séjournant pas dans la maison. En ce qui concerne la Loi sur les Accidents du travail, la prime d'assurance sera supportée par M. ....

Les parties s'engagent mutuellement de se prévenir par écrit, et ce un mois à l'avance de leur intention de rompre le présent contrat et le règlement des gages s'opérera au prorata du temps écoulé depuis le 15 du terme précédent.

Fait double et de bonne foi à Paris le

Lu, accepté et bon pour   Lu et approuvé.
autorisation maritale   la Concierge.   Le Propriétaire

Contrats imprimés grand format avec marge Prix	6	12	25	50	100
	0 fr. 30	0.50	0.75	1.25	2 frs

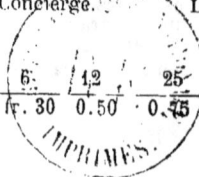

COMPLAISANCE. — Nos Concierges n'ont pas une place dès plus enviables, loin de là, et il faut convenir que pour arriver à joindre les deux bouts, comme on dit, ils cherchent par tous les moyens possibles à se procurer un supplément de revenu aux maigres appointements du mari, ou au produit des petits travaux de la femme ou encore aux petites rentes pour ceux qui en ont — Il est notoire que ce ne sont pas les gages qui peuvent faire vivre; aussi il arrive parfois que vous recevez des propositions de votre concierge pour l'achat de denrées, de vins où tous autres articles qui soi-disant viennent de la propriété d'un parent. On a toujours un cousin ou un oncle, commerçant ingénieux et industrieux sous la main, et nos concierges ont ainsi une nombreuse famille, leur donnant une gratification, un tant pour cent sur les affaires procurées. A cela il n'y aurait rien de mal... mais... les commerçants boutiquiers ne sont pas de cet avis, d'où récriminations, plaintes, discussions, le concierge détourne ou empêche les locataires de s'approvisionner chez eux, etc. — Il faut être bien avec les locataires et on ne regarde pas à un mensonge près, soit pour témoigner ou pour donner un renseignement, ce qui est blâmable. — Souvent le concierge se fait complice pour la correspondance des jeunes gens de la maison; en servant ainsi les mineures à l'insu de leurs parents, il s'expose à de graves ennuis (dont le propriétaire a sa part); son devoir est de ne pas s'y prêter et d'avertir les parents.

Un autre inconvénient, et non des moindres, est la réception de correspondance pour des personnes absolument étrangères à la maison; un concierge a reçu ainsi toute une procédure d'huissier pour un soi-disant locataire. Il faut prévoir que ce procédé s'étendra le jour où une loi (qui est proche) va supprimer la poste restante à l'usage des lettres adressées à des pseudonymes, chiffres ou initiales. Il y aurait un volume à faire si on voulait énumérer tous les motifs se prêtant à la complaisance; c'est au propriétaire à se montrer très sévère pour que le concierge n'en abuse pas.

CONGÉ. — Presque toujours les Locataires attendent au dernier jour pour donner congé, surtout au 31 décembre, c'est une façon comme une autre d'offrir des étrennes. Les congés sont remis au Concierge aux dates extrêmes, et même parfois le lendemain ou le surlendemain, il suffit d'un peu de complaisance de la part des Concierges pour que le congé soit accepté malgré sa remise tardive. Pour obvier à ces procédés, il est préférable de stipuler dans les engagements comme je le mentionne dans mes formules, que le congé devra parvenir en dernier délai directement au Propriétaire et non être remis au Concierge. Le Locataire qui est pour déménager a pris une décision aussi bien le 28 que le 31. Une bonne précaution est de laisser entre les mains du Concierge quelques formules toutes timbrées de mon congé type (voir chapitre VIII) qui seront fournies au Locataire gratuitement contre paiement des timbres seuls (1 fr. 20). Il se peut qu'un Locataire exige un des doubles dès sa remise au Concierge, et signer de ce dernier, lequel s'il n'a pas reçu mandat de signer pour le Propriétaire pourrait très bien délivrer au Locataire un accusé de réception ainsi libellé : « Remis par M. A............ un congé pour le   prochain pour être transmis au Propriétaire, le Concierge M. B............ » Ne pas mettre à la signature, ni à l'acceptation. On peut également laisser une partie des formules avec la signature du Propriétaire, mais dans ce cas, il ne faudrait pas qu'il soit ajouté des émargements de nature à contrecarrer le sens du congé imprimé. Le Concierge devra avoir soin d'y veiller et de barrer les blancs restés libres.

Si la formule présentée ne convient pas au Locataire, on peut y remédier par un émargement, ou laisser le Locataire en présenter une, mais le Propriétaire devra toujours faire précéder sa signature de la phrase ci-après :

« Accepté le présent congé sous réserves de droits en conformité avec l'Engagement de Location. »

CORRESPONDANCES. — Il arrive fréquemment que les facteurs en faisant leurs tournées, oublient une lettre, égarée du lot préparé pour chaque maison, et ne pouvant retourner sur leurs pas, la classe pour une autre distribution. Ce retard est parfois très préjudiciable au destinataire, qui lui s'en prend tout naturellement au Concierge, poursuit ce dernier ainsi que le Propriétaire, lesquels sont complètement désarmés en justice, attendu que l'Administration des Postes, se refuse, à raison du secret professionnel, à donner le nom du facteur qui a délivré la lettre et de plus à le laisser déposer en Justice. C'est au Concierge à examiner les timbres oblitérant, apposés par le service des postes, ce qui est fort difficile, lorsque l'on reçoit un courrier très chargé, et même pour y parvenir, il faudrait que les timbrages soient bien nets, ce qui est rare. Conclusion : Remettre les lettres immédiatement dès le passage du facteur.

2. Le Concierge n'est pas obligé de faire suivre la correspondance non, affranchie, d'un Locataire qui s'absentant, ne lui a pas remis une provision à cet effet. Si par complaisance le Concierge fait l'avance des timbres et que par insouciance ou par malignité, il adresse au Locataire non seulement les plis fermés, mais tous les prospectus qu'il reçoit, il risque fort d'en être pour ses

frais. En toutes choses les paroles s'envolent, les écrits restent et, le Concierge agira prudemment en priant le Locataire de lui laisser une note ainsi conçue. « Veuillez je vous prie me faire suivre mes lettres affranchies ou non à K...... je vous rembourserai vos timbres. Conservez les Imprimés. »

3. Le Concierge est tenu de recevoir les lettres pour les personnes habitant ou séjournant momentanément chez les Locataires. Ne le faisant pas il engage la responsablité du Propriétaire (Voir également Homonymie. Chapitre II).

4. Non seulement le Concierge doit donner pendant un an, l'adresse d'un Locataire déménagé, qui lui en a donné l'ordre, mais il doit également, faire suivre la correspondance lors-même que le Locataire ne lui a pas donné l'adresse, et qui l'aurait connu indirectement. Un Concierge dans ce cas qui avait refusé les lettres, a été condamné à des dommages-intérêts.

DÉMÉNAGEMENT Furtif. — Le Concierge a le droit et le devoir d'empêcher un Locataire, de déménager furtivement. Un Déménageur qui coopère à un déménagement furtif malgré les protestations du Concierge est responsable envers le Propriétaire, du préjudice que lui cause l'enlèvement des meubles de son Locataire (Justice de Paix, Lyon, 8 février 1910. La Loi, 14 octobre 1910). Lorsqu'un Locataire a déménagé, furtivement, le Propriétaire doit faire dans les huit jours, une déclaration au Percepteur, lequel lui en donne récépissé (Loi du 19 Juillet 1906) faute d'y satisfaire il serait obligé de payer les Contributions.

DENIER ADIEU. — L'allocaton remise à une Concierge par une personne qui retient un local, n'est pas une obligation ni un consentement de louer de la part du Propriétaire. Le délai d'acceptation est, suivant les usages de 24 heures, pendant lequel il est loisible au futur Locataire de reprendre, ou au Propriétaire de restituer le denier adieu. Passé 24 heures il y a lieu à donner indemnité. Ce délai est bien court pour prendre des renseignements, et lorsque le Concierge, à la faculté de faire signer lui-même les Engagements, il s'en suit que les locations sont traitées au petit bonheur. Un Propriétaire qui s'occupe lui-même de gérer sa maison, fera bien de ne point autoriser sa Concierge à accepter de denier adieu, avant d'avoir pris les renseignements; c'est à elle d'écrire au Propriétaire, pour que ce dernier se rende chez les personnes désirant louer. Il est évident que lorsque le Propriétaire n'habite pas la même ville, il donne ordre à sa Concierge de faire le nécessaire; pour éviter toute surprise il pourrait laisser entre les mains de sa Concierge, une note ainsi conçue : « Le denier adieu, remis au Concierge n'est pas une acceptation de ma part de consentir une location, me réservant de refuser même après 24 heures sans obligation d'indemnité. Lu et accepté sans réserves. » faire signer les personnes.

Avec cette précaution la Concierge n'a qu'à dire qu'une réponse définitive sera donné sous deux ou trois jours.

EXPLOITS d'HUISSIERS. — Les sommations, les protêts, les commandements et tous autres exploits d'huissier portent pour le plus souvent cette mention. « Parlant à une femme à son service. » Les plis sont mis sous enveloppes et envoyés à la distribution, car il est fort rare que ce soit l'huissier lui-même ou un de ses principaux clercs qui fasse la notification. Il faut reconnaître qu'ils ne peuvent réellement pas être partout à la fois malgré la bonne volonté de faire leur travail conformément à leurs obligations. Qu'arrive-t-il. Le distributeur, parfois un jeune clerc remet tout simplement la lettre au Concierge et sans attendre que ce dernier se rende compte de la provenance du pli, il s'empresse de sortir. Neuf fois sur dix le Locataire est chez lui, et comme il ne lui a pas été possible de répondre directement (et pour cause) à la notification qui lui est faite; il s'en prend au Concierge et au Propriétaire, et pour une fois dit ce qui est vrai. « La Concierge n'est pas une femme à mon service. » En effet elle n'a pas qualité pour recevoir au lieu et place du Locataire d'autant qu'elle ignore de quoi il s'agit. Une réforme s'impose. En l'absence de l'intéressé, l'huissier devrait laisser comme le font les garçons de recettes, une fiche ainsi conçue : M..........est prié de passer de suite chez Me X..........rue............ pour affaire qui le concerne. L'Etude est fermée à 6 heures et rien de plus. Cette fiche pourrait être détachée d'un carnet à souches en présence du Concierge qui devrait signer la remise en y mettant lui-même l'heure, et la mention : absent ou en voyage. En attendant que cela se fasse, les Concierges feront bien de retourner les enveloppes que l'on leur présente, et s'ils constatent l'apposition du timbre de l'Etude, s'empresser de rejoindre le petit clerc, et l'obliger à faire sa commission lui-même. Si le Locataire est absent lui faire écrire sur l'enveloppe : « remis le .... à .... heures et signer. »

Prévenir le Locataire, dès sa rentrée.

FOURNITURES. — Un Propriétaire qui gère lui-même, achète directement les Fournitures nécessaires : Caisse à ordures, lampes d'électricité, manchons à gaz, tapis, etc. Pour celles accessoires et d'usage courant : balais, chiffons, cire, tripoli, etc. il est préférable de faire un prix qui se confond avec les gages, c'est le meilleur moyen d'éviter des contestations lors du règlement. (Voir contrat d'Engagement du Concierge) — Remboursez toujours les timbres, lorsque votre Concierge vous écrit, car ne le faisant pas, elle pourrait se dispenser souvent de vous informer des choses qui parfois sont insignifiantes et que vous pourriez avoir intérêt à connaître.

GAGES. — Les Concierges touchent des Propriétaires, des gages très variables suivant l'importance des immeubles, même pour certains et notamment en banlieue, le logement seul constitue la rémunération. Un jugement du Tribunal de Paix de Nogent-sur-Marne, décide que le principe de la gratuité des services ne peut être admis en pareille matière, le bénéfice du logement étant illusoire. Dans les immeubles d'un revenu certain, les gages du Concierge équivalent à 2 % du revenu brut, si la femme seule est occupée, plus une indemnité pour les chiffons, balais, etc., ainsi que l'éclairage. Pour éviter toutes réclamations faire un Contrat dans le genre de celui indiqué d'autre part. Il est bien rare qu'un Propriétaire exige un reçu de la part du Concierge, lorsqu'il lui paie son trimestre, et pourtant cela serait plus régulier. Pour éviter tout froissement prendre l'habitude de faire signer au Concierge un **Bordereau** de terme que l'on lui remet avec les quittances, et sur lequel, il mentionnera lui-même les Fournitures et ses Gages et les déduira du total des encaissements. Si les quittances sont encaissées par une Banque, le Propriétaire n'a qu'à se faire signer un reçu ou envoyer un mandat-carte. Toutes ces précautions sont bonnes à prendre pour éviter des surprises lorsque l'on change de Concierge.

GARGOUILLES. — Il arrive fréquemment que des descentes d'eau pluviales sont engorgées surtout lorsqu'elles se déversent dans des gargouilles ou regards placés sur les trottoirs ou dans les cours, et les eaux n'ayant plus d'écoulement retombent par-dessus les gouttières. Ces inconvénients proviennent uniquement de la négligeance des Concierges qui ne nettoient ni ne dégorgent les dites gargouilles. C'est une recommandation utile à leur faire et s'éviter des ennuis avec les passants, ainsi que la recherche du plombier.

PAILLASSON. — Concierges, ayez l'œil sous votre paillasson, car il arrive que pendant vos absences, il se peut que le Facteur ou toute autre personne, place des lettres sous cette boîte improvisée. Pendant quatre jours des lettre sont ainsi restées sous le paillasson de la porte d'une Concierge, et le Propriétaire a été condamné à des dommages-intérêts. De même méfiez-vous du tapis ou du linoléum placé dans votre loge face la porte, il peut s'y glisser également des missives, qui risquent d'y séjourner plus longtemps.

PAQUETS. — (Voir même titre. Chapitre II).

PROSPECTUS. — Les Concierges doivent remettre aux Locataires **tous** les Prospectus envoyés par la poste ou déposés dans la loge et non les déchirer ou les jeter aux ordures. En agissant ainsi ils commettent une contravention prévue et punie par l'article 479, paragraphe 1er du Code Pénal (Dommage volontaire à la propriété mobilière d'autrui). De même ils ne doivent pas s'aproprier les cartes postales imprimées et timbrées **jointes aux circulaires et tarifs.** pour permettre au destinataire de passer commande ni utiliser ces cartes ou les échanger à la Poste, laquelle doit les refuser comme étant détournées de leur destination. Le Propriétaire est civilement responsable vis à vis des Commerçants ou Industriels lésés de leur publicité.

RENSEIGNEMENTS demandés au Concierge. — Le Concierge doit être très réservé, lorsque l'on lui demande des renseignements sur les Locataires. Il ne doit pas dire aux Fournisseurs « Vous n'êtes pas le seul à vouloir vous faire payer » ou à l'occasion d'un mariage projeté « Ah bien il ou elle n'est pas difficile, etc. » et faire suivre de propos injurieux et diffamatoires. Le Propriétaire est civilement responsable de dommages-intérêts, en raison du préjudice si non matériel, mais moral causé au Locataire.

SURVEILLANCE. — La responsabilité du Propriétaire est de jour en jour rendue plus ardue, il ne peut, tout comme dans son intérieur, donner dans son immeuble, le coup d'œil du maître. C'est au Concierge à y suppléer et sa surveillance sans être journalière doit néanmoins être suivie en ce qui concerne notamment : les barres d'appuis et balcons des fenêtres, les scellements des gonds et arrêts de persiennes, les marches des escaliers (cave et étages), sonnette et serrure de l'entrée de l'immeuble (pétrole fréquemment), les compteurs Eau, Gaz, Electricité, conduites de canalisation et de descente des eaux, déchirures aux tapis d'escalier, etc. En un mot toutes choses d'un usage continu et demandant entretien. Toute dégradation doit être prise à son début, c'est le meilleur moyen d'acheter de la tranquillité.

TELEPHONE. — Le Locataire a droit à la libre jouissance du téléphone installé dans la loge du concierge et ce dernier, ainsi que le propriétaire, ne peuvent se prévaloir d'un usage abusif pour interdire ou supprimer l'emploi du téléphone au locataire.

CHAPITRE IV

Clauses relatives au voisinage ou suivant l'état de l'immeuble

ALLÉE VESTIBULE. (Voir Eventaires et Vestibule, Chapitre Ier) .

ASSURANCE (Surprimes) (Voir Chapitre Ier Acétylène Chap. II Incendie)

CALORIFÈRES. — Dans les immeubles où il existe des calorifères dont les conduits de chaleur traversent ou sont contigus à des placards, le Propriétaire agira prudemment en dégageant sa responsabilité au sujet de comestibles, boissons, liqueurs, etc., qui pourraient se trouver détériorés par suite de l'excès de chaleur inévitable, surtout si ces placards ne sont pas ventilés. Un jugement en date du 11 Mai 1904, donne raison à un Locataire grincheux qui aurait parfaitement pu déplacer ses liquides ou entrouvrir la porte du placard de temps à autre. (Voir libellé de la clause à CONDUITS de Fumée Chap. II.)

CLOISON. — Un mur, ou cloison séparant deux locaux, et qui est d'épaisseur insuffisante, est de nature à provoquer une résiliation de bail, si le bailleur n'a pas fait connaître cette particularité au preneur en consentant la location.

CONDUITS DE FUMÉE (Voir Chap. II même titre et **INCENDIE**).

CONSTRUCTIONS. — Tout propriétaire est libre de construire ou faire chez lui ce que bon lui semble. Toutefois le droit de propriété, si absolu qu'il soit, a pour limite, dans son exercice, la satisfaction d'un intérêt sérieux et légitime et ne saurait autoriser l'accomplissement d'actes malveillants, préjudiciables à autrui. Sont susceptibles de porter préjudice les faits ci-après : 1° Construction d'une palissade en planches d'une hauteur exagérée, de façon à masquer la vue du voisin; 2° aménagement d'une écurie dans un local contigu au mur mitoyen ou non sans faire de contre-mur; 3° l'installation d'un poulailler et clapier contre la propriété voisine; 4° l'aménagement ou la construction de fours ou cheminées pour la combustion de matières dégageant des odeurs persistantes; 5° des dépôts de charbons, plâtre, chaux, ciments, etc, toutes industries dont la manipulation renvoie chez les voisins des nuages de poussière. La mitoyenneté ou la proximité d'une industrie pourvue de moteurs faisant un bruit continuel et intolérable, celle d'un théâtre-concert sont de nature à faire demander la résiliation de bail. Il a été jugé que l'épaisseur des murs, quoique réglementaire d'un immeuble de rapport, était insuffisante pour empêcher les sons de l'orchestre d'être perçus; le locataire a obtenu la résiliation de son bail et une diminution de loyer calculée sur 8 ans

Pour les locaux contigus à des immeubles ayants les inconvénients ci-dessus on pourrait parer aux surprises en ajoutant après la mention « prendre les lieux pour les avoir vus et visités » mettre: ainsi que s'être rendu compte de l'appropriation des maisons voisines pour lesquelles le bailleur ne pourra être recherché.

Pour les baux d'importance mettre : « Le bailleur ne répond pas des troubles qui pourraient survenir du fait de l'occupation des immeubles voisins dont il n'aurai pas eu connaissance directement.

COUR COMMUNE. — Un des Propriétaires d'une cour commune outrepasse ses droits, si détournant cette cour de sa véritable destination, il la transforme en un lieu de stationnement, entravant la jouissance de son communiste. (Cassation 8 janvier 1910. Sirey 285-1-1902).

GARAGE. — Autant que possible le Propriétaire devrait établir un garage indépendant, c'est-à-dire formé de cases avec portes munis de pitons, le Locataire ayant la faculté d'y mettre un cadenas ou une serrure. Les dites cases aménagées de façon à recevoir une voiture d'enfant aussi bien qu'une bicyclette ou des malles. Ces installations sont très appréciées des Locataires, et le Propriétaire en tire profit, soit en les louant, (même à des non Locataires) ou en les donnant pour favoriser la location d'un appartement. En outre on évite ainsi à ce que les Locataires montent les bicyclettes ou voiturettes, dont les heurts après les murs détériorent les peintures des escaliers. (Voir GARAGE et Déménagements Chap. II et VI).

RÉPARATIONS. — Lorsque l'immeuble donné en location est très ancien spécifier que : « Le bailleur ne sera tenu de faire que les grosses réparations spécifiées par l'art. 606 du Code Civil; celles d'entretien en général devront être exécutées par et aux frais du preneur.

TRAVAUX par les VOISINS. — On admet que les atteintes portées à la jouissance du preneur par l'exercice légitime des droits du voisin constitue un trouble de droit dont le bailleur doit garantie. D'un jugement en date du 28 Avril 1910, il ressort que le Locataire doit s'adresser à son bailleur pour la réparation du préjudice causé et non au Propriétaire voisin contre lequel il n'a aucune action.

Que la clause du bail de souffrir les grosses réparations, s'applique à l'immeuble et non à la propriété voisine. Pour obvier à cette interprétation mettre dans les baux et engagement de location la clause suivante : « Le preneur supportera tous travaux, de quelque nature qu'ils soient, qui pourraient être exécutés dans les immeubles voisins de celui dont dépendent les lieux loués,et notamment tous travaux aux murs mitoyens et bouchements de jours de souffrance, sans avoir aucun recours à exercer de ce chef et aucune diminution ou interruption de loyer à demander contre le bailleur et sauf, en ce cas l'exercice de tous ses droits contre le Propriétaire voisin pour le trouble qui pourrait être apporté à la jouissance. » (Extrait de la Chambre des Propriétaires 1er Octobre 1910). Cette clause assez longue est toute indiquée pour les baux d'importance, mais ne peut trouver place dans l'engagement courant néanmoins il en est fait mention (Vois Engagement type Chap. VIII.)

CHAPITRE V
de la Répartition des charges

Les Charges qui incombent aux Locataires sont :

I. L'impôt des Portes et Fenêtres qui comporte deux droits. : I. le **Droit fixe** qui s'applique ainsi : Portes cochère, charretière, de magasin, ou porte bâtarde, 20 fr.; porte simple ou d'allée à un seul vantail, 5 fr.; portes et fenêtres ordinaires de tous les étages 0 fr. 70. On répartit à chaque Locataire, le nombre d'ouvertures sur rue, cour ou courette, jours de souffrance, ainsi que les ouvertures dans la toiture, les portes d'entrée donnant accès dans les escaliers clos ne peuvent être comptées.

Pour les boutiques si la devanture à une partie sur le côté on tient compte de deux ouvertures et trois si cette porte est au milieu. Les autres ouvertures portes et fenêtres faisant partie de l'arrière-boutique ou Logement sont comptées à 0 fr. 70. Pour les portes donnant sous la voûte d'entrée de l'immeuble, elles ne sont imposables que si la dite voûte est close d'un seul côté et sur la rue. Si l'allée est fermée aux deux extrémités l'impôt n'est pas applicable, ainsi que pour les ouvertures dans une cour entièrement couverte, les parties ouvrantes des vitrages sont seuls imposés. Les Usines et Chantiers ne paient pas de droit fixe.

II. **Le Droit proportionnel** comme le droit fixe est applicable à toute location quel qu'en soit le chiffre même 100 fr. C'est une erreur de croire que les locaux au-dessous de 500 fr. en sont dispensés. Il s'obtient en multipliant, le revenu net imposable servant de base à l'impôt foncier par le centime le franc du droit proportionnel. (Voir feuille de Contributions en émargement à gauche), lequel varie peu chaque année. Actuellement il est de 0.0151806. En conséquence on retranche un quart du prix que l'on multiplie par le centime, le franc, ou il est plus simple de multiplier le chiffre du loyer par 0,12 lequel représente à peu de chose près les 3/4 du centime le franc.

Taxe d'enlèvement des Ordures ménagères.

Cette taxe est de 1,0666 % du revenu net imposé à la contribution foncière des propriétés bâties et correspond exactement à 0 fr. 80 % du loyer réel. Elle n'est pas applicable aux locaux réservés à l'habitation et d'un prix inférieur à 500 fr. ni aux Usines, ni aux locaux loués pour un service public.

Enregistrement. — On compte 0 fr. 25 par 100 fr. sur le loyer et les charges; pour les baux on ne porte pas sur les quittances, le droit étant payé pour 3, 5 ou 6 ans d'avance.

Taxe de Balayage. — Aux termes de la Loi cette taxe est au compte du Propriétaire, mais il est d'usage de la faire payer aux boutiquiers proportionnellement à la surface correspondant à la façade qu'ils occupent. Il suffira au Propriétaire de déduire sur la longueur totale de la façade de l'immeuble, la partie afférente à l'entrée, le reste sera divisé par le nombre de boutiques et payable au prix du mètre. Exemple : Façade générale 18 m., taxe 52 fr. 20; ce qui met le prix du mètre à 2 fr. 90; L'entrée ayant 3 m. il en reste 15 à répartir aux boutiques.

D'après ce qui précède, il est donc facile aux Propriétaires d'établir la répartition des impôts, qu'il ont à se faire rembourser. En dehors des deux premiers, il y a avec la taxe de balayage, d'autres charges de la propriété, mises (avec celles dénommées accessoires), par des clauses spéciales au compte du Locataire, des conventions qui font la Loi des parties. Voici à titre d'indication ce qui peut figurer comme charges accessoires : l'Ascenseur; le Chauffage; l'Eau, soit à forfait, soit au compteur s'il en existe un, même on peut stipuler un forfait et l'excédent au compteur; le Ramonage, proportionnellement ou non à chaque Locataire; le Tapis; la Vidange ou tout à l'Egout. (Voir les articles spéciaux sur ces charges aux Chap. précédents). Bien spécifier que la période de suspension d'exécution de une ou plusieurs charges n'entraîne aucune défalcation sur les termes correspondant à la dite période le preneur devant se conformer au règlement de la maison. A mon avis pour éviter toutes réclamations fallacieuses le mieux est de stipuler un tant pour cent sur le loyer ou un fixe à la rubrique : Charges accessoires.

C'est sur les prix des loyers au 31 décembre 1910 que les Propriétaires doivent se baser pour établir la répartition de ces impôts et non sur les loyers actuels. Les écuries et remises n'étant pas assujetties aux droits ci-dessus, il faut défalquer du prix total du loyer la portion afférente à ces locaux.

A titre de renseignements complémentaires voici les taxes afférentes à la propriété seule. **Taxe foncière,** 2 fr. 50 % du revenu net imposable; **Taxe sur** valeur en **Capital** 0 fr. 10 % sur la valeur du dit basé suivant la révision décennale; **Taxe d'Egout,** imposée suivant le revenu net imposable des immeubles.

En Banlieue les impositions diffèrent suivant les communes. L'Impôt Foncier et des Portes et Fenêtres sont parfois les seuls. Ce dernier varie entre 1 fr. 55 à 2 fr. environ par ouverture. Pour tous les impôts en général voir pour renseignements aux Contributions, ceux donnés ici n'étant qu'aproxima tifs et comme exemples sans garantie.

Une étude très approfondie, de M. Lesort, sur la répartition des Charges a paru dans le Bulletin de la Ch. des Propriétaires du 1er juillet 1910, d'autres rappels ont été faits depuis.)

CHAPITRE VI
Renseignements divers

ACQUIT. — Il est due une amende de 62 fr. 50 pour défaut d'apposition du timbre de quittance ou défaut d'obliteraiton régulière. Pour tous versements d'acomptes même pour une somme inférieure à 10 fr. l'apposition du timbre est obligatoire. — Le timbre est dû par le Locataire. (Art. 1248, Code Civil).

ARBITRAGE. — Actuellement tout est au syndicalisme. Il existe nombres de syndicats de Propriétaires, très bien constitués et des syndicats de Locataires qui le sont plus ou moins bien. Il y aurait pourtant un grand avantage pour Propriétaires et Locataires à recourir à un arbitrage amiable entre membres choisis dans chacun des syndicats respectifs. Lorsqu'une entente de la sorte sera possible voici un modèle de contrat à faire sur papier timbré à 0 fr. 60 pour régler un différend à l'amiable en présence d'un ou deux arbitres. « Les soussignés décident d'un commun accord de prendre la Chambre syndicale des   , ou M. A... de la Ch. des Propriétaires et M. B... du Syndicat des Locataires, pour juges de leur différend et déclarent accepter sans appel, la sentence rendue par le ou les représentants de la ou des dites Chambre et Syndicats, Le ....

ASCENSEUR (Voir Chapitres précédents).

ASSURANCES (Voir Chapitres précédents).

CHARGES. — La taxe foncière de 2 fr. 50 % sur le revenu net des immeubles créée par la loi du 31 décembre 1900 et la taxe de 0 fr. 10 % sur la valeur en capital des propriétés bâties ou non bâties créée par la loi du 10 juillet 1902 constituent des additions a l'impôt foncier déjà existant. Ces taxes en conséquence doivent être supportées par le Locataire, lorsque celui-ci à assumé la charge de l'impôt foncier.

CONSTATS d'Huissiers. — Lorsque la résiliation d'un bail est demandé en justice pour abus de jouissance, celui qui est en instance, apporte d'habitude à l'audience, pour démontrer le bien fondé de son action, des procès-verbaux de constats d'huissiers. Et bien souvent le tribunal en fait état pour appuyer son jugement. La 5e Chambre présidée par M. Hugot a voulu réagir contre cette jurisprudence. Deux constats versés au débats par le Propriétaire avaient pour but de démontrer que le Locataire recevait dans sa maison meublée, des femmes de mauvaise vie, et l'avait transformée en hôtel mal famé.

Ces preuves insuffisantes n'ont pas été admises, et comme le disait l'avocat du Locataire les faits allégués par le Propriétaire devaient s'établir par des enquêtes, par des contraventions, par les renseignements des inspecteurs des hôtels meublés, des commissaires de police, par des scènes qui frappent la vue des voisins et qui motivent leurs plaintes légitimes. (Le « Journal » du 20 juin 1912.)

CONTRIBUTIONS. — Le départ d'un Locataire qui n'avait pas dans le logement d'objets mobiliers saisissables, ne doit pas être considéré comme un déménagement. En conséquence le Propriétaire qui reçoit une contrainte en garantie des Contributions de son Locataire est fondé à en réclamer l'annulation. Tout Propriétaire est responsable vis-à-vis du percepteur, des contributions non payées par les Locataires qui quittent sa maison avant l'expiration de l'année en cours. Le Propriétaire à le droit de se faire représenter la quittance payée par le Locataire; c'est une chose qui se fait bien rarement, sans être une cause de froissement. Le mieux est de faire soi-même une déclaration de déménagement au bureau du percepteur et ce au plus tard **Un mois exactement** avant le 1er du terme, auquel le Locataire doit déménager, et il est même préférable de profiter du déplacement occasionné au moment du terme, soit deux mois avant et ce, dans l'intérêt réciproque. Un récépissé est délivré le conserver avec soin. Le concierge peut remplir la formalité de déclaration. De même lorsqu'un Locataire déménage furtivement, cette déclaration doit être faite dans les huit jours.

DEGATS causés par les déménagements.— Lorsqu'un Locataire emménage il recommande parfois de prendre des précautions principalement pour ses meubles et faire attention au mur de l'escalier. C'est bien. Quand le même Locataire déménage, on fait également attention aux meubles, mais pour les murs, vitres, boiseries, etc., pas besoin de se gêner, on n'a plus à solliciter les complaisances du concierge, quant au Propriétaire on lui a payé des loyers, il faut s'offrir une petite compensation. D'autre part dans l'emménagement comme pour le déménagement, les hommes de service, ne se privent pas pour détériorer à plaisir. Le patron déménageur-entrepreneur est responsable à l'égard de son client dans l'espèce le Locataire. Pour parer à ces désagréments bien tenir compte dans les engagements de ce qui suit : et « des dégâts causés par des tiers, etc. (Voir Eng. type.).

Le concierge fera preuve de clairvoyance en enlevant les appareils d'éclairage dans les escaliers, et celui de veiller aux soin dégradations. Lorsque l'escalier est trop étroit, en tenir compte pour l'atténuation du préjudice.

ECHELLE. — Comme il a été déjà dit la responsabilité du Propriétaire de nos jours, n'a plus de limite. Si l'échelle à usage de la maison, est prêtée à un Locataire, et que la dite échelle vienne à se rompre et lui cause un accident le Porpriétaire est responsable.

ENREGISTREMENT.- Le bail sous-seing privé doit être enregistré dans les trois mois de sa date, au choix pour une ou plusieurs périodes, les baux de dix-huit ans et plus, transcrits aux hypothèques. Le bail verbal s'enregistre dans les trois mois à partir de l'entrée en jouissance. Généralement pour une maison de rapport à loyers moyens on fait une déclaration d'ensemble une fois par an, principalement en janvier. Les baux authentiques, c'est-à-dire passés par devant notaire, sont enregistrés dans les dix jours. Le défaut d'enregistrement ou de déclaration dans les délais ci-dessus entraine une amende contre bailleur et preneur, qui ne peut être moins de 50 fr. en sus des droits.

L'Enregistrement de l'état des lieux n'est pas nécessaire, mais il doit être fait sur timbre.

Lorsqu'une **Procuration** est donnée pour passer un bail, la dite procuration doit être faite et enregistrée séparément.

ESCALIER. — Un escalier trop étroit ne permettant le passage des gros meubles, nécessite forcément le montage par les fenêtres. Le Propriétaire n'est pas obligé de fournir les cordages, s'il le engage sa responsabilité. C'est à l'entrepreneur de déménagement de pourvoir à l'accomplissement de ce travail. Le descellement des barres d'appuis et balcons qui serait nécessité par la circonstance doit être au frais du Propriétaire.

FRAIS de procédure. — Lorsque vous avez poursuivi un Locataire pour paiement de loyers et qu'enfin il paie le montant des quittances dues et non les frais et qu'il déménage, vous Propriétaire vous êtes responsable vis-à-vis de l'huissier du montant des frais, si le débiteur ne les paie pas. La question d'empêcher le déménagement et d'exercer une rétention sur le mobilier, se trouve controversée. Le Locataire peut répondre qu'il n'est pas obligé de payer les frais avant de les avoir fait taxer. J'ai vu un huissier qui a réclamé 170 fr. de frais 3 ans après le départ du Locataire sans pour cela avoir tenu le Propriétaire au courant, lequel croyait l'affaire terminée, d'autant que lors de la remise des quittances à l'Etude, le principal clerc avait dit que le débiteur solderait les frais sous huit jours.

INONDATIONS. — L'année 1910 laissera un souvenir ineffaçable de la période des Inondations tant à Paris qu'en Province. Que de dégâts sont survenus, et que de procès. S'il n'est pas venu à l'idée des Propriétaires de demander des dommages-intérêts à leurs Locataires (et pour cause) par contre ces derniers n'ont pas manqué de s'en prendre aux premiers.

Bien des procès ont été engagés, peu de perdus, mais beaucoup de gagnés par les Locataires. Certains juges leur ont donné raison en prétendant que c'était au Propriétaire, en construisant sa maison, d'obvier aux inconvénients pouvant résulter d'une inondation, cela peut être vrai pour les immeubles situés aux bords de l'eau, mais pour les autres, il y a une limite. S'il est vrai qu'il n'appartient pas au cas de force majeure à la charge du Locataire de préférence au Propriétaire on trouve néanmoins tout naturel que celui-ci doit tout supporter, réparations et dommages-intérêts par-dessus le marché. Propriétaires qui avez des immeubles susceptibles d'être **réinondés,** méfiez-vous et faites quelques travaux en ciment, afin d'atténuer l'envahissement des eaux.

ISSUES (Maison à deux). — Le Propriétaire est responsable lorsqu'un vol est commis dans le garage d'une maison à deux issues où la loge est placée de telle façon que la concierge ne peut exercer une surveillance constante sur le dit garage. C'est au Propriétaire à pourvoir la porte d'une bonne serrure et au besoin d'un avertisseur.

NUMÉROS de MAISONS. — Le bulletin des Loges à signalé une idée qui aurait un énorme avantage pour tous, c'est l'apposition des Nos de maisons à droite ou à gauche des entrées à une hauteur maxima de 2 mètres. Cette application éviterait d'être obligé d'aller se placer au milieu de la chaussée pour lire le no; d'où des accidents évités.

OPPOSITIONS aux petits salaires. — Un très intéressant jugement rendu à la Justice de Paix du 2e Art. de Paris, concernant les petits salaires, interprète, la loi du 12 juillet 1905, dans un but humanitaire, et au profit de ceux pour lesquels elle a été élaborée, c'est-à-dire au profit du créancier et du débiteur. Il décide que « en matière de répartition sur les petits salaires le juge valide la première saisie arrêt, et toutes les interventions qui lui sont connues au moment de la dite répartition; une seule saisie arrêt devant être pratiquée ». Attendu que ce serait méconnaître l'esprit du législateur de 1905 que d'allouer un privilège aux opposants ayant fait une procédure coûteuse de validation au détriment de ceux qui se sont contentés de frapper la portion saisissable entre les mains du tiers, saisi par une simple opposition (du « Journal »).

La commission du Travail a approuvé le 25 Mars 1912 le rapport de M. Guernier, sur le projet de Loi voté par le Sénat sur la saisie-arrêt des appointements et salaires, il y aura lieu pour les Propriétaires de se tenir au courant dès que cette loi sera promulguée.

OPPOSITIONS aux TIERS. — Il est bien rare de rentrer dans ses fonds lorsqu'on pratique une saisie-arrêt sur les salaires d'un débiteur, pour peu que ce soit un professionnel qui a résolu à sa façon le problème de la « Vie Chère », on risque fort d'en être pour ses frais. Les oppositions s'accumulent d'une façon honteuse, le débiteur lui-même, avec la complicité d'amis complaisants fait toujours obstacle à la répartition et quand celle-ci a lieu, on peut être absolument certain que la moitié des sommes réparties lui reviennent, de cette façon les véritables créanciers touchent une somme dérisoire au bout d'un temps indéterminé.

Aux termes de l'article 11 de la Loi du 12 janvier 1895, sur les saisies-arrêts, pour que le Juge de Paix puisse procéder à la répartition, il faut que la somme à distribuer atteigne d'après la déclaration du tiers-saisi, et **déduction faite des frais et des créances privilégiées un chiffre suffisant** pour distribuer aux créanciers connus un dividende de 20 % au moins ».

Les frais d'une répartition s'élèvent environ de 150 à 200 fr., et le plus beau du compte est que la répartition doit se faire au lieu où a été validée la première opposition, sans égard aux suivantes malgré que le plus grand nombre ait été fait à Paris par exemple, et même si le débiteur habite le département de la Seine. Il résulte de ceci que pour obtenir une répartition après une opposition par intervention faite entre les mains d'un tiers contre son employé, il faut par exemple s'adresser au Juge de Paix d'une ville distante parfois de 500 km. sinon plus.

Pour peu qu'il faille 5 ou 6 ans pour atteindre une somme répartissable, on peut se rendre compte que le tiers-saisi se constitue sans peine une caisse d'épargne avec pour profit. Aux réclamations ou plaintes adressées, l'honnêteté de l'employé est couverte par cette réponse : « Il fait son travail, et nous n'avons rien d'autre à voir ». Avant de procéder à une saisie-arrêt, le Propriétaire fera bien de se renseigner auprès des patrons ou du contentieux des administrations pour s'assurer s'il n'y a pas d'oppositions, et s'il y en a en connaître le montant et le lieu de la première opposition, il s'évitera ainsi de 40 à 70 fr. de frais inutile. Le mieux est encore de s'en assurer avant de louer, car il ne faut pas se fier à la déclaration de l'intéressé.

La procédure de saisie-arrêt sur salaires et appointements entre les mains du patron peut être suivie en Justice de Paix lorsque le traitement annuel ne dépasse pas 2.000 fr. pour les employés, commis et fonctionnaires, pour un ouvrier ou homme de service quel qu'en soit le montant jusqu'au dixième de retenue. Pour les fonctionnaires au-dessus de 2.000 la retenue est du cinquième (Voir Artiste, Acteurs, Chap. I).

PRESOMPTION. — La rouerie de certaines gens n'a pas de limite. Il se peut que vous confiez les clefs d'une maison (pavillon en banlieue par exemple à une personne pour lui en permettre la visite seule (ne pouvant l'accompagner) et que cette personne gardant les clefs prétende que vous lui avez loué verbalement la dite maison. Dans l'intérêt du Propriétaire qui n'est pas à même de pouvoir faire accompagner, il est prudent de ne remettre les clefs que contre un reçu pour visiter sans aucun engagement, mais mieux vaut ne jamais avoir à procéder ainsi, car on ne peut s'imaginer dans quel circuit de contestations on se lance.

REPARATIONS réciproques. — Propriétaire ne prenez pas pour prétexte que votre Locataire ne fait pas les réparations qui lui incombent, pour ne pas faire les vôtres. Faites exécuter vos travaux et ensuite forcez le Locataire à faire les siens. Encore moins n'attaquez pas d'abord votre Locataire si vous avez également des travaux à faire, mieux vaut vous éviter de la part du Juge, un motif à votre désavantage et donner l'exemple.

SAISIE-GAGERIE. — Certains Juges de Paix se refusent à valider les saisies-gageries, pratiquées pour loyers payables d'avance. Ils prétendent s'appuyer d'abord sur l'article 819 du Code de procédure civile, qui ne parle que des loyers échus, sans s'apercevoir que dans cet article le mot **échu** est grammaticalement synonime **d'exigible** ou **d'avance** (extrait du Journal de la Ch. des Propriétaires 16 juillet 1910). C'est pourquoi afin d'éviter toutes contestations, il est préférable de mentionner dans les engagements de location, ce qui suit : M.   s'engage à verser lors de son entrée en jouissance (ou M. ..... a présentement versé à M.   la somme de   à titre de cautionnement et qui sera imputable sur les trois ou six derniers mois de jouissance de sa location) (Voir engagement type). De cette façon les termes suivant devront être payés, sur présentation de quittance mentionnant terme échu.

Nº ....

M ....

DÉCOMPTE		
Timbre		
Enregistrement.		
Loyer		
Portes et Fenèt.		
Ord. ménagères.		
Ramonage.....		
Eau...........		
Charges, Acces.		
Total par Au...		
— Terme.		

CHAPITRE VII

Formules avec Documentation

ENGAGEMENT DE LOCATION

Timbre

à

0.60

Entre les soussignés il a été convenu ce qui suit :
M. ....
loue par ces présentes à M...
qui accepte agissant pour son compte personnel (et nou pour un tiers).
les lieux ci-après désignés dépendant d'une maison sise à
tel que les lieux se poursuivent et comportent, le preneur ayant connaissance
du voisinage et visité les dits lieux déclarant les bien connaître qu'ils sont en
parfait état et s'en contenter. La présente location est consentie pour une durée
de une année (1) et ensuite de trois mois en trois mois à la volonté réciproque
des parties et ce moyennant un loyer de *six cents fr.* payable: *cent cinquante fr.*
lors de l'entrée en jouissance fixée au *1er Octobre 1912* la dite somme à titre de
cautionnement qui sera imputable sur les *3 ou 6* derniers mois d'occupation,
et ensuite de trois mois en trois mois selon l'usage à présentation de la quittance signée du Propriétaire ou de son Fondé de pouvoir, pour le premier paiement avoir lieu le *1er janvier 1913.* Les charges obligatoires et accessoires évaluées à la somme de *quarante fr.* sont (2) comprises dans les prix ci-
dessus, sont payables avec le loyer indépendamment des taxes nouvelles imposables (3).
M. s'engage à se conformer aux clauses et conditions sui-
vantes qui feront la Loi des parties : 1º De payer régulièrement ses contributions personnelles mobilières et autres;
2º De s'assurer contre l'Incendie pour tous risques (*il faut entendre ceux
localifs et le recours des voisins*);
3º De laisser effectuer à ses frais le ramonage des cheminées des pièces
(autres que celles de la cuisine et de la salle à manger qui sont comprises dans
les charges) s'il en a été fait usage, et ce par le fumiste du Propriétaire;
4º. A emménager en une seule fois et d'habiter les lieux bourgeoisement,
sans pour cela prétendre qu'il en soit de même pour tous les locaux. (*Cette
clause afin de permettre à un locataire actuel ou futur d'exercer une profession*), d'en jouir suivant l'exposé de la Loi en bon père de famille, de garnir
les dits de meubles lui appartenant (*ces mots laissant comprendre que les
meubles ne sont pas en location, ou achetés à tempérament et non encore
soldés ou appartenant à des tiers. On pourrait faire mention d'une déclaration
dans ce sens, mais ce serait froisser le preneur, il n'est pas obligé de rendre
des comptes*), et ce en quantité suffisante et de nature à garantir le montant
de la Location, et ne faire aucun changement, ni sous-louer, ni céder
ses droits de quelques façons que ce soit, même pour un court délai et à titre
gracieux sans autorisation et conventions écrites du Propriétaire;
5º De n'exercer aucun métier dans l'appartement (sauf dérogation per-
mise) ni avoir des machines, des instruments de musique, des animaux ou
oiseaux susceptibles d'incommoder les autres Locataires, de nuire à la tranquillité et à la propreté de la maison (*si des dérogations sont permises mettre en
marge M. X... est autorisé à avoir un chien sous réserve de la clause ci-contre
et (si on juge à propos) notamment de le porter dans l'escalier, ou une machine
à coudre qui devra être munie de coussinets suffisamment épais pour amortir le bruit; ou une cage d'oiseaux laquelle ne devra pas être fixée en dehors
mur et éviter toutes projections*);
6º De laisser visiter les lieux par le Propriétaire et procéder 15 jours au
moins avant son départ, aux réparations locatives qui lui incomberaient légalement , et pour lesquelles il sera tenu compte de la durée de l'occupation et de
l'état des lieux (le Locataire étant responsable de tout ce qu'il casse ou dété-
riore) ou de remettre au concierge, à titre de provision une somme égale au
dizième du loyer brut annuel (*et non d'un terme ce qui serait insuffisant*).

(1) Pour une location de 3 mois rayer (une année et ensuite de) et mettre en marge « cinq mots rayés nuls ».
(2) Mettre (sont ou non comprises).
(3) Mettre à la propriété ou pour le locataire si celui-ci le demande.

En cas contraire le preneur autorise le bailleur à exercer son droit de rétention en vertu de l'art. 2102 qui complète l'art. 1752 du Code Civil, et par dérogation sans avoir recours aux formalités de la saisie-gagerie;

7° De veiller au bon entretien des installations de l'évier (dégorgements) des w.-c., de l'eau (robinets), du fourneau de cuisine, du gaz et de l'électricité, tous appareils et canalisations lors même qu'il n'en ferait pas usage. (*Il faut comprendre dans ce sens les douilles et siphons d'évier, appareils des w.-c. l'installation du gaz, robinet de compteur, bras applique, robinet d'alimentation du réchaud à gaz, du fourneau de cuisine bain-marie, foyer, grilles); les conduites de gaz et électricité, tableau, interrupteurs fils souples etc.*) De rembourser au Propriétaire, les dégâts causés par des tiers à son service et notamment par les déménageurs (*bris de vitres, éraflures de la rampe, des boiseries et des murs de l'escalier, le preneur ayant tous recours contre son entrepreneur de déménagement.*)

8. De se conformer strictement sous peine de Congé, aux mesures d'ordre et de police, ainsi qu'au **Règlement** ci-contre particulier à l'immeuble ou dont il lui aurait été remis un exemplaire lequel est en outre affiché dans la maison.

9. Le Propriétaire s'engage à tenir les lieux clos et faire les réparations qui lui sont imposées par les lois, ainsi que celles nécessitées lors de l'entrée en jouissance ou pour l'entretien de l'immeuble que le preneur devra laisser exécuter sans prétendre à une diminution de loyer ou indemnité d'aucune sorte, si ces travaux n'excèdent pas 40 jours, dans les locaux qui lui sont personnels, sauf réserve pour cas imprévu et de force majeure, ainsi que pour l'arrêt du service des eaux, gaz, électricité qui ne lui seraient pas imputables. Il en sera de même pour tous travaux faits par les voisins ou services publics, sauf au preneur d'exercer directement tous recours contre les tiers s'il le juge à propos. (*Le Propriétaire pourra toujours apporter son concours et intervenir dans l'intérêt de ses Locataires.*) La condamnation de jours de souffrance, l'élévation de cheminées, de bâtiments voisins ou annexés à l'immeuble quelle qu'en soit la destination, ne pourront en aucune façon modifier les conditions des présentes. (*Ce qui précède dans le but d'éviter toutes contestations, des demandes en dommages-intérêts, diminution de loyer, qu'il sera loisible d'accorder suivant la justesse des réclamations.*)

10. — Le Propriétaire n'entend pas être responsable des faits de son concierge en dehors de ses fonctions proprement dites. En conséquence et par dérogation, le preneur fera son affaire personnelle de la remise des clefs, espèces, paquets, commissions de toutes natures, dépôt de caisses, voiturettes ou bicyclettes, qu'il jugera à propos de confier au concierge lors même qu'il y aurait un garage loué ou non dépendant de l'immeuble. (*La raison d'être de cette clause repose sur ce que les Locataires sont par trop enclins à provoquer des discussions, et à réclamer pour des préjudices qu'il n'ont parfois pas subi pour le seul plaisir de le faire renvoyer le concierge et mettre en cause le Propriétaire. Pour endosser toutes les responsabilités que les Locataires font naître, il ne faudrait n'engager que des concierges fournissant un cautionnement ce qui est impossible.*)

11. Les parties conviennent de se donner mutuellement congé par écrit sur papier timbré à 0 fr. 60 et ce trois (1) mois d'avance, le 27 ou le 28 du mois qui précède le terme, de façon qu'il parvienne au Propriétaire le 30 avant midi et d'accepter le dit congé amiable sans ministère d'huissier, celle des deux parties qui s'y refuserait devra en supporter les frais. (*Cette convention a pour but d'éviter que le Locataire attende exprès au dernier jour pour donner congé ou en le remettant au concierge, parfois après le délai*).

12. Après congé donné, le preneur devra laisser visiter les lieux tous les jours de h.   à h.

Le Propriétaire ne se rend pas responsable des vols qui pourraient être commis par les visiteurs le Locataire étant à même de ne point laisser des objets de valeur en évidence ou à la portée de la main, ainsi que d'exercer sa surveillance. (*Cette clause de façon à attirer l'attention du Locataire, il pourra en résulter que les vols réels seront diminués, et les prétendus deviendront rares.*)

13. Il demeure convenu que dans le cas où le preneur viendrait à quitter les lieux avant l'expiration de sa location, il s'engage à s'acquitter de tout ce dont il resterait débiteur avant d'opérer en une seule fois, son déménagement, à remettre toutes les clefs et autorise le bailleur à procéder aux réparations. De son côté le Propriétaire s'interdit de délivrer les lieux à un nouveau Locataire sans l'autorisation du preneur, avant le 1er jour du terme. (*Ce qui précède a pour raison de faciliter les réparations urgentes non seulement pour éviter des dérangements au futur Locataire, mais surtout pour les entrepreneurs.*)

14. Toute relocation des lieux ou réoccupation qui n'aurait pu se faire en temps voulu, par la faute ou la malveillance du preneur (art. 1760 Code Civil), entraîne ce dernier à une indemnité égale à un terme de loyer indépendamment de tous dommages et frais. (*En effet le Locataire qui se refuserait à laisser visiter, empêcherait la relocation, si d'un autre côté il s'oppose à l'exé-*

---

(1) Pour six mois, biffer et mettre en marge avec approbation.

cution des réparations locatives, il se peut que des difficultés survenant à la sortie ne permettent pas au nouveau locataire de faire son installation ou d'emménager).

15. M. a présentement déclaré que les lieux seraient habités par sa famille composée de (1) personnes. *(Cette clause trouve sa raison d'être, pour éviter l'introduction d'une famille nombreuse, et pour laquelle l'exiguïté des lieux ne répondrait pas aux prescriptions de l'hygiène, on doit aussi l'interpréter dans le but que se proposerait un Locataire qui un mois ou moins avant la fin de sa location, tenterait d'introduire une famille étrangère dans l'intention d'être désagréable au concierge et au Propriétaire, la dite clause est corrélative avec celles Nos 4, 13 et 15) et validée par les Tribunaux.*

En cas de fausse déclaration et de non-paiement d'un seul terme à son échéance la présente location sera résiliée de plein droit et le preneur sera contraint de quitter les lieux immédiatement au bon semble au bailleur, indépendamment de tous dommages et intérêts pour loyers échus ou à échoir, réparations et autres frais qui seront exigibles en même temps que le principal. *(Voir FRAIS de Procédure, Chap. VII).*

Toutes autres dérogations que celles ci-dessus pourront être faites aux présentes sur mentions écrites et approuvées des parties. Les frais de l'engagement sont à la charge du preneur qui s'y oblige.

Fait double à le
Le Locataire, Le Propriétaire,

Lorsqu'il il y a lieu de faire allusion à l'état des lieux, mettre avant : toutes autres dérogations etc. Il est fait mention que M. reconnaît *les lieux en parfait état de réparations locatives et ne demande aucun changement, néanmoins il demeure convenu que le bailleur fera lessiver (ou remettre à neuf) la cuisine, du papier dans l'une (ou les) chambres, et le plafond de la salle à manger refait à la colle, etc., etc. Indiquer également les accessoires à remplacer : foyer à la cuisinière, réparation d'une serrure etc. Si l'on refait* l'appartement mettre : *Les lieux seront entièrement remis à neuf sauf s'il y a une ou deux exceptions les signaler.* Enfin on peut mettre : *Comme complément de ce qui précède les parties sont convenu de dresser conjointement entre eux un état des lieux jours après l'entrée en jouissance » ou « les parties ont dressé conjointement l'état sommaire des lieux exposé ci-après »* (Désigner les faits principaux et mettre papiers et peintures usagés, quelques trous ou éraflures, manque une clef à la porte de etc., etc.).

Cet engagement de Location est imprimé recto-verso, format timbre à 0 fr. 60, avec ou sans règlement en marge.

Livré par	12	25	50	100	500
PRIX :	1 fr.	1.50	2.50	4 fr.	15 fr.

Bail

Les préliminaires de la rédaction du bail sont comme ceux de l'engagement et quand ce n'est pas le Propriétaire réel qui passe le bail, on fait suivre le nom du bailleur de la qualité au nom de laquelle il agit au lieu et place du Propriétaire — principal locataire — ou agissant en qualité de mandataire au terme d'une procuration spéciale et enregistrée le ou agissant en qualité d'administrateur des biens de la dame X...son épouse, ou tous autres. (E. Prop. et Loc. D. Massé).

Le bail peut être consenti par les deux époux (propriétaires) à deux époux également (Locataires) dans ce cas on met et Mme Blanche R... son épouse demeurant ensemble à qu'il assiste et autorise, cautionnaire solidaire aux présentes (la femme du preneur).

En se basant sur les articles parus dans les chapitres précédents, ainsi que sur ceux qui suivent il est facile d'intercaler les clauses en rapport avec le genre de chaque location.

1. Tous objets fixés aux murs, cloisons, boiseries ou fenêtres, améliorations quelconques devront être laissés en place, à la fin du bail et sans indemnité aucune à moins de convention ultérieure. Cependant en réparant de la façon la plus complète tous les dégâts dus à leur enlèvement, le preneur pourra les déposer et garder.

2. Le preneur s'engage à ne rien changer à la devanture de la boutique sans le consentement du bailleur à ne faire dans cette boutique aucun autre commerce que celui de et de ne jamais y vendre ou annoncer de quelque manière directe ou indirecte aucuns articles des autres professions établies dans la maison et dont il a eu parfaite connaissance (Extrait du Conseiller des Propriétaires de E. Blanchard).

(1) Indiquer le nombre en toutes lettres.

3. L'arrière-boutique qui se compose de une cuisine et deux pièces ne peut être considérée comme un logement (*Cette clause en raison de la fraîcheur des locaux et suivant l'épaisseur des cloisons à signaler au besoin*).

4. Il ne sera fait aucune réparation de quelques natures qu'elles soient au cours de la durée du dit bail, sauf celles indispensables auxquelles le Propriétaire est tenu et spécifiées à l'art. 606 du Code Civil ou .... Les preneurs devront tenir les lieux loués pendant toute la durée du bail, en bon état de réparations de toutes natures, même celles habituellement à la charge des Propriétaires et les rendre tels à la fin du présent bail. Ils acquitteront toutes charges ou impôts actuels et futurs sous quelque dénomination faite et dont la propriété pourrait être grevée au cours du bail. (*Cette clause quoi qu'elle puisse paraître arbitraire trouve son attribution, pour la raison que si elle n'avait pas été stipulée, le prix du bail eût été supérieur, la dite clause est généralement appliquée pour les maisons entières. Cette manière d'appréciation est parfaitement admise par les tribunaux*).

5. A la fin du bail il peut parfois être utile de mentionner ce qui suit : « Dans le cas où M.   n'aurait pas pris possession des lieux au plus tard 15 jours (ou 1 mois) après la date fixée pour l'entrée en jouissance et après constat fait par huissier, le présent bail se trouverait de plein droit annulé, et les sommes versées à titre d'arrhes ou en nantissement sur loyers, demeureront acquises à M.   , à titre d'indemnité, le bailleur restant libre de relouer immédiatement. Les mêmes conventions seront applicables si bon semble au bailleur par suite d'abandon des lieux au cours du bail. Les deux clauses qui précèdent sont formellement convenues entre les parties qui s'engagent à renoncer à la résiliation par voie judiciaire. (*Il arrive qu'un Propriétaire après voir fait un bail ne revoit plus le preneur, et il s'ensuit qu'il se trouve obligé d'avoir recours à une procédure longue et préjudiciable, pour faire casser le bail*).

Règlement de Maison

Le règlement ci-après s'applique à la généralité des immeubles, il est édité en formules séparées (Voir TARIF), pour permettre d'y ajouter des articles supplémentaires et de l'afficher dans la loge. On fait signer au Locataire en lui donnant un duplicata en même temps que l'on présente l'engagement. Il figure aussi en marge sur les Engagements si on le demande ainsi : NOTA : La documentation bien entendu ne figure pas.

La liberté de chacun cessant où commence celle d'autrui, les Locataires ont un intérêt réciproque à tenir compte du présent règlement pour éviter tous désacords entre eux.

1. L'Eclairage des escaliers est assuré facultativement par le Gaz ou l'Electricité de   à   heures en semaine et   heures les Dimanches et Fêtes. Les Locataires doivent donner leur nom après l'extinction.

Un propriétaire ne peut apporter de changement à la chose louée, mais par cette clause il se réserve le droit de substituer le Gaz à l'électricité ou vice-versa — on peut ajouter — et l'escalier de service jusqu'à   heures.

2. Une Caisse pour les ordures ménagères est déposée (*tous les matins à h.   sur le trottoir, ou le soir à partir de   h.   dans l'allée ou dans la cour*). Il est défendu de venir les vider dans la journée, ou les jeter dans la cour. *Il est utile d'avoir un endroit fermant à clef pour remiser la caisse.*

3. **IL EST INTERDIT** de laisser les enfants jouer dans les cours et escaliers, de déposer des objets quelconques et stationner sur les paliers. (*on peut ajouter : pour y tenir des conversations de longue durée de même que dans la Loge; mais ce serait excessif. c'est à ordonner à la concierge de ne point encourager le commérage, ce qui est ultra impossible*).

4. D'étendre du linge aux fenêtres, de laisser des draps et matelas sur celles de la rue passé 10 heures du matin ainsi que d'y secouer des tapis, et de se servir pour cet usage des fenêtres de l'escalier.

5. De jeter des ordures, démêlures, papier, etc., par les fenêtres, d'accrocher quoi que se soit en dehors des murs, de déposer des pots de fleurs sans ête fixés et se conformer aux règlement de Police en usage.

6. De faire des lessivage et blanchissage quelconque, dans les locaux, cours ou paliers.

7. De jeter des eaux, des ordures, des chiffons, des débris de vaisselle ou tous autres objets dans les w.-c. Tout dégorgement des tuyaux de chûte et d'évier, dégâts causés par imprudence, ou malveillance seront à la charge du Locataire ou de tous les co-locataires suivant le cas. (*s'il existe un écoulement à l'égout biffer le mot eau*).

8. De casser du bois sur le carrelage, sur l'évier ou le fourneau, ce travail ne devant être fait que dans la cour ou la cave.

9. De jouer de la musique, du graphophone, après 10 heures du soir ou tous les jours d'une façon continue.

10. De faire des approvisionnement de charbon après 10 heures du matin et d'en monter une quantité supérieure à 250 kilog. dans l'appartement

11. Les lettres sont montées aux Locataires de 3 à 4 fois par jour aux principales distributions. Les imprimés et prospectus deux fois par jour. Les plis cachetés ou paquets remis au concierge sont acceptés sans aucune garantie ainsi que la réception du vin, du bois, du charbon, etc., pour lesquels un ordre écrit du Locataire doit être donné lorsqu'il y a lieu à signer une décharge.

Le Concierge n'est pas obligé de recevoir un colis (Voir Chap. II. PAQUETS).

A ce Réglement suivant le genre et l'apropriation de l'immeuble il y aura lieu d'ajouter les clauses ci-après :

Le tapis d'escalier d'été sera posé du   au   et celui d'hiver du   au   ou encore le tapis d'escalier scera enlevé du (Ex. 15 juin au 15 octobre), sans donner lieu à aucune diminution des charges.

Le Calorifère sera allumé du   au   ou encore dès les premiers froids jusqu'au

(Voir au surplus Chap. précédents CALORIFERE).

L'accès de la cour est interdit aux voitures étrangères à la maison, ou le nettoyage du dallage incombe à celui qui l'aura sali, etc.

Un garage est mis à la disposition à des Locataires sans garantie de responsabilité etc. (Voir GARAGE).

L'usage du Téléphone placé dans la loge ne pourra être fait d'une façon abusive, en aucun cas l'absence momentanée du concierge ne pourra être considérée comme motif d'avoir refusé un appel téléphonique.

Pour le surplus des clauses le Propriétaire est à même d'apprécier celles qui peuvent être nécessaires.

Prix de ce *Règlement* imprimé

par	2	6	12	25	50	100	500
Format : 25×16	»	»	0.40	0.65	1 fr.	1.50	6.25
TABLEAU : 50×32	0.25	0.60	1 fr.	1.75	3 fr.	5 fr.	»

avec réglure pour annotation supplémentaire *et être affiché.*.

Modèle de caution

Au bail ci-dessus énoncé est intervenu M. A.   rentier demeurant à Issy, lequel se porte volontairement garant et répondant des obligations du preneur qui accepte; M. A.   s'engage à les remplir après simple mise en demeure, restée infructueuse et renoncer au bénéfice de discussion. M. A.   a signé avec M. B. (le bailleur) et M. C. (le preneur). Fait à   le   et signature (D. MASSE).

Cette caution est inscrite à la suite du bail sur un des originaux lequel reste au bailleur. Il peut se faire en un acte séparé, mais supporte les frais d'enregistrement. Lorsque la femme intervient comme caution il suffit de mettre en tête de l'acte à la suite des noms et qualités du mari « et à Madame Jeanne Risler, son épouse de lui autorisée et solidaire aux présentes. La femme est désignée et signe de son nom de demoiselle. »

Le cautionnement ne se continue pas si le bail a été renouvelé par suite de tacite reconduction, sauf convention contraire. Art. 1740 C. C. A la suite du décès du Cautionnaire, ses héritiers le remplacent et son subrogés dans tous ses droits.

Prolongation de Bail

Entre les soussignés il a été convenu ce qui suit :

Suivant acte en date du   M. R.   (Propriétaire), a consenti à M. S. (Locataire), bail pour   années, lequel expire le   Par ces présentes M. R. à la demande de M. S. consent de prolonger le dit bail pour une nouvelle durée (3, 6, 9 etc. ou 15 années entières et consécutives), qui prendra effet à l'expiration du bail en cours. Comme conséquence de cette prolongation le prix annuel du loyer est fixé de la façon suivante : (désigner le prix pour chaque période, ou uniforme. Le nouveau bail sera régi par les même clauses et conditions que le précédent, toutefois (s'il y a des modifications à apporter, les signaler). Les preneurs requièrent l'enregistrement pour   ans seulement. S'il y a eu intervention d'une caution, au premier bail, la faire intervenir également pour la prolongation.

Résiliation de Bail

Entre les soussignés M. K. d'une part et M. L. d'autre part il a été convenu ce qui suit : Les parties déclarent résilier purement et simplement, à

partir de ce jour, le bail consenti par M. K. à M. L. d'une boutique dépendant d'une maisons sise à   suïvant acte en date du
    M. L. devra quitter les lieux le   et se conformer aux obligations imposées par la Loi et celles énoncées au bail.
    Cette résiliation est faite moyennant une indemnité de (ou somme de) francs que M. L. s'engage a payer à M. K. le   (ou que M. L. a présentement payé) ou (les loyers d'avance resteront acquis à M. K. à titre d'indemnité). S'il y a des conditions particulières à la résiliation les mentionner. Fait double à

    En général la majeure partie des clauses de ce livre sont applicables aux maisons de rapport, néanmoins elles ont leur place dans les baux des maisons particulières, pavillons, il suffira de composer des clauses ayant trait, au jardin (ne pas laisser en friches) aux arbres (les tailler), aux dépendances, aux clotures, treillages, au puits, à la fosse d'aisance, toutes choses qu'un Propriétaire a intérêt à protéger.

CHAPITRE VIII
Ce qu'un propriétaire doit savoir

ARBITRAGE. — (Voir ce mot. Chapitre VII).
CONTRIBUTIONS des Locataires. — (Voir Chapitre VII).
CONTRIBUTIONS des Propriétaires. — (PAIEMENT des).
Depuis le 1er janvier 1912, les Propriétaires peuvent payer leurs contributions dans tous les bureaux de poste, au moyen d'un mandat spécial dénommé « **Mandat Contributions** ». Le reçu de la poste est libératoire, s'il est délivré en échange d'un mandat contribution régulièrement établi. Les mandats n'excédant pas 300 fr. sont reçus dans les recettes auxiliaires. Des formules servant à l'établissement de ces mandats sont tenues à la disposition du public aux guichets de tous les bureaux ouverts à ce service; les facteurs ruraux en sont également pourvus. Ci-dessous le tarif applicable :

Taxe fixe de 0.10 et			0.75	de	100.01	à	300 fr.
0.05 par	5 fr. jusqu'à	20 fr.	1 fr.	de	300.01	à	500 fr.
0.25 de	20.01 à	50 fr.	1.25	de	500 01	à	1.000 fr.
0.50 de	50.01 à	100 fr.	1.50	de	1.000.01	à	1.500 fr.

et ainsi de suite en ajoutant 0.25 par 500 fr. ou fraction de 500 fr.

    On voit par ce qui précède que cette innovation de l'administration des postes est appelée à rendre de très grands services au Propriétaire, en ce qu'elle lui évite des déplacements et des attentes prolongées dans les bureaux de percepteurs, ainsi que de confier à son concierge cette commission.

    En dehors du mandat-contributions, un autre mode nouveau de payement des impôts est à la disposition des contribuables depuis le 1er janvier 1912.
    Les clients de la Banque de France et des établissements de crédit pourront s'acquitter de leurs impôts directs par un simple ordre de virement sur leur compte de dépôt.
    Il leur suffira de transmettre à leur banquier — avec cet ordre donné dans la forme habituelle — l'avertissement délivré, au moment de la publication du rôle, par l'administration. S'ils préfèrent ne pas se dessaisir de cet avertissement, ils pourront en recopier les indications sur une fiche dont le modèle a été établi de manière à éviter toute chance d'erreur.
    Le percepteur sera immédiatement avisé par les soins de la banque ou de l'établissement de crédit. Il adressera directement une quittance au contribuable et retournera, s'il y a lieu, à ce dernier l'avertissement produit. (Extrait de la *France Immobilière*).
DÉMÉNAGEMENT FURTIF. — (Voir Chapitre III).
    ÉLECTIONS. — Loin de moi, de traiter dans cet ouvrage une question de politique, et si je consacre quelques lignes aux Elections c'est uniquement dans l'intérêt de mes lecteurs. En effet un grand nombre de Propriétaires ignorent que la Loi leur permet de se faire inscrire pour voter dans l'arrondissement ou la ville où il sont Propriétaires, au lieu de l'endroit de leur domicile. On remarquera qu'ils ont un intérêt incontestable, à voter où se trouvent leurs immeubles afin de pouvoir profiter de l'appui de leurs élus. Une lettre de M. Fildesoye adressée à M. Mourgues directeur de la Ch. Synd. des Propriétaires, et parue dans le bulletin de cette association le 16 Mars 1912, traite très judicieusement cette question.
    ENREGISTREMENT (DROITS D').
    Caution, séparée de l'acte 0. fr. 50 %; **Congé**, l'enregistrement n'est pas obligatoire, s'il y est présenté, le droit est de 3 fr 75 pour les congés amiables, et de 2 fr. 50 pour ceux donnés par huissier; **Etat des Lieux**, pas de redevance

s'il est contenu dans l'acte. Présenté séparément (non obligatoire), droit fixe 3 fr. 75; **Locations verbales**, baux 0 fr. 25 par 100 fr; **Pouvoir**, pour toucher les quittances ou passer les baux, droit fixe 3 fr. 75; **Quittance**, son enregistrement n'est pas nécessaire, sauf dans certains cas pour preuves à établir, il est perçu 0 fr. 625 par 100 fr.; **Résiliation**, 0 fr. 20 par 100 fr. avec maximum de 3 fr. 75, s'il y a une indemnité quittancée dans l'acte, droit en sus 0 fr. 625; si cette indemnité n'est payable qu'à une époque déterminée le droit est double soit 1 fr. 25.

PLURALITÈ. — Une quittance donnée par deux ou trois personnes et plus, non solidaires entre eux, doit être revêtue, d'autant de timbres oblitérés par chacun des signataires. Exemple : mère usufruitière, et le fils propriétaire Néanmoins il y a une exception pour une quittance donnée par le mari et la femme pour un bien appartenant à celle-ci.

PROLONGATION de BAIL. — RÉSILIATION de BAIL. — Ne peuvent être rédigées à la suite du Bail, sous peine d'une amende de 6 fr. 25, il en est de même pour une cession ou un congé.

PROCÉDURE-FRAIS. — Pour expulser un Locataire. Congé par huissier 6.45 (4 fr. 55 en plus si le congé est donné d'une localité eautre que celle du Locataire). Citation en conciliation 0 fr. 90. Citation par huissier 5 à 8 fr. Commandement 6fr. 45. Saisie-gagerie 12 fr. et plus. Grosse du Jugement de 10 à 15 fr. et plus.Signification du Jugement 10 fr. et plus. Expulsion 35 à 40 fr. Au total nous arrivons à 98 fr. 80, si on ajoute une pièce de 20 fr. pour l'agréé, lorsque l'on ne se présente pas soi-même, on voit ce qu'il en coûte pour se débarrasser d'un mauvais Locataire.

Pour Gérer son immeuble

Si vous voulez gérez vous-même votre maison de rapport, tout en vous évitant les tracasseries du métier de Propriétaire suivez l'exposé ci-apès :
1. Sachez choisir un bon concierge (Voir Chap. III.).
2. Servez-vous pour vos Locations des Engagements, Reçus, Quittances et Congés
du MEMENTO DES PROPRIETAIRES
3. Tenez vos comptes à jour, en y consacrant 2 h. tous les trois mois avec l'emploi des formules et bordereaux de LA NOUVELLE COMPTABILITE IMMOBILIERE.
4. Ne négligez pas les réparations et adressez-vous à des entrepreneurs sérieux.
5. Faites encaisser vos loyers par un Etablissement de Banque (0 fr. 15 par quittance).
6. Payez vos contributions à l'aide des mandats spéciaux ou par votre banquier (Voir Chap. VII.).
7. Ne point prêter une oreille trop attentive aux doléances des Locataires, mais toujours tenir compte des réclamations justifiées et faire ce qui doit être fait.
8. Vérifiez bien vos mémoires et réglez-les tous les trois mois, soit vou-même ou par un chèque sur votre banquier.
9. Faire partie d'une association de Propriétaires et savoir profiter de ses services.
10. S'assurer contre tous les risques. Responsabilité civile, vols, etc.
En suivant ce programme le Propriétaire d'une maison de rapport n'aura pas souvent à se déranger; quelques visites imprévues ne sont pas nuisibles afin de se rendre compte de la tenue de l'immeuble.

CONCLUSION

Ne jamais refuser de donner des explications au preneur, sur les clauses dont il ne comprend pas la signification, au contraire mieux vaut discuter franchement de façon qu'il sache à quoi s'en tenir. Dire que certaines clauses sont dues, à la trop grande responsabilité dont des locataires ont la prétention de mettre sur le compte du Propriétaire, et que vous espérez bien n'avoir jamais à sévir à l'égard de ces clauses. Pour permettre aux Locataires de se faire une idée plus équitable de ce qu'est la *Propriété* de nos jours, je ferai paraître une étuue très approfondie à ce sujet et le MEMENTO DES LOCATAIRES sera le corollaire du « MEMENTO » des Propriétaires et rendra à ceux-ci de réels services.
Tous les articles ue ce petit volume sont utiles à connaître, je pense avoir suffisamment rempli la tâche que je me suis assignée pour permettre aux Propriétaires de se tenir en garde sur bien des faits, et tirer les déductions qu'ils seront à même d'apprécier au sujet des jugements des tribunaux.

E. CHARBONNEL

NOTA. — Tous les modèles des formules et la majorité des articles étant ma création, ont été déposés conformément à la Loi. Tout contrefacteur sera poursuivi. Reproduction interdite sans autorisation.

INDEX - Formules et Bordereaux

QUITTANCE DE LOYER

Pour le Terme échu le 1er _____ 194_

Je soussigné Propriétaire d'une Maison sise à

reconnais avoir reçu de M

la Somme de ▓▓▓▓▓▓▓▓▓▓

pour un terme du Loyer des lieux qu' occupe dans la dite Maison conformément à son Engagement de Location.

Dont quittance sans préjudice du terme courant & sous toutes réserves de droits

_____ le _____ 191_

DÉCOMPTE

Timbre (Loi du 23 Août 1871)		10
Loyer		
CHARGES :		

Le Congé doit être donné le 28 des mois de Mars, Juin, Septembre, Décembre, de façon à parvenir au Propriétaire, au plus tard le 30

Sous aucun prétexte le Locataire ne peut arguer des réparations à faire ou autres motifs pour refuser de payer son Terme à l'échéance convenue. Il doit se libérer intégralement ensuite s'adresser directement au Propriétaire ou au Gérant pour obtenir satisfaction aux réclamations fondées

Ces Formules par :	12	25	50	100	500	1000
PRIX	0.30	0.50	0.65	I fr.	4.50	8 frs

Je soussigné Propriétaire d'une Maison sise à Paris _____

reconnais avoir Reçu de M _____

la Somme de ▓▓▓▓▓▓▓▓▓▓

a titre de cautionnement, imputable sur les ____ derniers mois de jouissance des lieux qu'il doi ____ occuper dans la dite Maison, à partir du _____ prochain suivant son Engagement de Location en date du _____

CONGÉ AMIABLE

OBLIGATIONS DES LOCATAIRES

Dès qu'un Congé régulier a été donné, le Locataire est tenu de laisser visiter les lieux aux personnes accompagnées du Propriétaire ou de son Représentant et de laisser apposer un écriteau de location.

Le Propriétaire n'est pas responsable des vols commis par les visiteurs, le Locataire étant à même de les éviter.

Il doit effectuer les réparations locatives qui lui incombent légalement et, à cet effet, en dresser un état avec le Propriétaire et ce au moins 20 jours avant son départ.

Dans le cas où les réparations n'auraient pu être faites en temps voulu, le Locataire devra remettre une provision égale au dixième du Loyer brut annuel, ou laisser des meubles en garantie suffisante.

Toute relocation des lieux pour réoccupation pour un autre preneur, qui n'aurait pu se faire par la faute ou la malveillance du Locataire, entraîne ce dernier à une indemnité égale à un terme de loyer, indépendamment de tous dommages et intérêts occasionnés en la circonstance (art. 1760 Code Civil).

Nul Locataire ne peut déménager avant d'avoir justifié de l'acquit de ses Contributions de l'année courante.

Les frais de Congé sont à la charge de celui qui le donne. — Celle des deux parties qui refuse le Congé amiable doit supporter seule les frais du Congé par huissier.

RÉPARATIONS LOCATIVES

Les réparations mises par la loi à la charge des Locataires sont celles énumérées aux articles 1730, 1731, 1732 et 1754 du Code Civil et celles de menus entretiens prévues par l'usage, à moins qu'elles ne soient occasionnées par vétusté ou force majeure (art. 1755 c. civil).

Réparations aux âtres, centre-cœurs, chambranles et tablettes et foyers de cheminées — aux pavés et carreaux lorsqu'il y en a quelques-uns de cassés — au recrépement du bas des murailles à la hauteur d'un mètre, aux vitres, portes, parquets, planches de cloisons, armoires ou de fermetures de boutiques, gonds, targettes, clefs, serrures, pierres d'évier, fourneaux de cuisine, etc.

En un mot, les lieux doivent être rendus propres, les pièces et les caves nettoyées et débarrassées d'ordures.

La Nouvelle Comptabilité Immobilière (mod. déposé). CHARBONNEL, 25, av. Gde-Ceinture, St-MAUR (Seine).

Je soussigné, donne par ces présentes Congé

à M _____ (1)

d'un _____ dépendant d'une Maison sise à

dont je suis _____ (2) ; le dit Local d'un

Loyer annuel de ▬▬▬▬▬▬▬▬▬▬▬▬

Le présent Congé est donné et accepté réciproquement

pour le terme à échoir le _____

et pour quitter les lieux au plus tard le _____

avant midi, et se conformer aux obligations ci-contre et à celles de

l'Engagement de Location, sous réserves de tous droits.

Ce modèle par :	12	25	50	100	500	1000
PRIX	0.40	0.65	I fr.	1.50	6.25	10 fr.

(1 et 2) M........ Propriétaire ou Locataire.

Bordereau de Ramonage du

Suivant l'art. 22 de l'Ordonnance de Police du 27 Mars 1906, les Locataires doivent faire ramoner leurs appareils de chauffage au moins une fois chaque année. Les ramonages doivent être payés au fumiste.

Prix: Chem. ord. ———— ; *Cuisine* ———— ; *Calorifère* ————

La Nouvelle Comptabilité Immobilière. — Mod. 7. Déposé. — Imp. Charbonnel, St Maur-des-Fossés (Seine) 7-12)

Étages	Locataires	Cheminées Nomb.	Cheminées Ram.	Signatures des Locataires

Maison sise ....

Terme d ....

	LOCATAIRES	A RECEVOIR
1		
2		
3		
4		
5		
6		

(Bordereau de 27 lignes)

AVIS de RAMONAGE

MM. les LOCATAIRES sont informés qu'il sera procédé au **Ramonage des Cheminées** le ————

Les ramonages qui n'auraient pu être effectués par suite d'absence des Locataires, devront avoir lieu dans la huitaine mais les prix spéciaux accordés pour l'ensemble ne seront pas applicables, et les Locataires feront prix avec l'Entrepreneur.

Ces Formules par :	12	25	50	100	500	1000
PRIX . . .	0.30	0.50	0.65	I fr.	4.50	8 frs

Maison sise _____ *Année 191*_

De Nouvelle Comptabilité Immobilière (Mod. 11 Déposé)

LOCAUX	Locataires	LOYER NET		CHARGES		LOYER BRUT		JANVIER		AVRIL		JUILLET		OCTOBRE	
		PAR AN	PAR TERME	par An	par Terme	PAR AN	PAR TERME	EN COMPTE	TOTALITÉ	EN COMPTE	TOTALITÉ	EN COMPTE	TOTALITÉ	EN COMPTE	TOTALITÉ
1															
2															
3															

Fiche Dossier du Locataire

La Nouvelle Comptabilité Immobilière - Mod. 10 Déposé - Chardonnet, 16, rue 40 Couture, St Maur (112)

Location N°_____ Étage_____

Mr_____

Engagement du_____ Entrée le_____

Décompte	Par An	Par Terme
Timbres		
Loyer		
Enregistrement		
Portes & Fenêtres Oh Terme		
Ordinaires		
Ramonage		
Charges Acc		
Eau		

Loyer d'avance
imputable sur les
derniers mois d'occupation.
Les quittances sont faites
Terme échu.

Renseignement

Travaux exécutés à
l'entrée en jouissance

Profession & Références

La Fiche ci-contre
est d'une grande uti-
lité, elle peut être em-
ployée séparément ou
collée à l'intérieur
d'un fort papier plié
en deux et servant de
couverture de dossier.

Cette manière de
procéder permet de
classer tous les pa-
piers, lettres et actes
concernant chaque lo-
cataire. Ces feuilles
en papier parcheminé
de couleurs différen-
tes se vendent très
bon marché chez les
Papetiers, dans les
Magasins, etc. La fi-
che pouvant se rem-
placer le dossier sert
indéfiniment.

Par 12. . . 0.30
» 25. . . 0.50
» 50. . . 0.65
» 100. . . 1 fr.
» 500. . . 4.50
» 1000. . . 8 fr.

Format in-8

Sorti des lieux le_____
allant demeurer :_____

*Maison sise*_____

*Comptes généraux de l'Année 19*_

La Nouvelle Comptabilité Immobilière - Mod. 10 Déposé

N°	Désignation des Dépenses	Totaux
1	Assurances : Accidents .... Incendie.	
2	Concierge : Gages .... Étrennes	
3	» Fournitures	
4	Contributions Foncières	
5	» Portes Fenêtres Oh Terme .... Oh Princ.	
6	» Ordinaires .... Dégrèvement	
7		
8	Enregistrement .... Timbres de quittes	
9	Eau Compteur	
10	Gaz ou Électricité Esc.	
11	Ramonage	
12	Vidange ou Tout à l'Égout	
13	Déplacements .... Correspondances	
14	Gérance	
15	Accessoires .... Tapis .... Chauffage	

Récapitulation :

Revenu brut ......
Dépenses générales ......
Revenu net.......

C'est d'après ce **Bor-
dereau** que l'on établit
les Quittances. Lors-
qu'un local vient à chan-
ger de Locataire, au
cours de l'année, il suffit
d'inscrire le nouveau
nom soit au-dessous, ou
de préférence à la fin du
tableau si le prix n'est
pas le même.

Cette feuille mesure
25×32, se plie en deux
et présente 4 pages.

On inscrit sur la pre-
mière le titre de l'im-
meuble ou toutes autres
notes, les 2 et 3ᵐᵉ servent
pour l'État des Locations
et la 4ᵉ pour les Comptes
Généraux, on y inscrit les
mémoires et on reporte,
à la récapitulation le
total des trimestres.

En pliant une feuille
dans un sens, et une dans
l'autre, on peut former
les cahiers, réunissant
ainsi plusieurs années ou
divers immeubles.

par   6   12   25   50
Prix.   0.65 1 l.   1.75 3 l.
—   100 : 5 l.   —   500 : 20 l.

Maison sise

Location n° _____

Montant de la Quittance: _____

Reçu de M _____

les acomptes ci-dessous à valoir sur terme échu le _____

Avis

Tout versement à acompte à valoir sur une somme supérieure à 10 fr. exige l'apposition du Timbre quittance, lequel est dû par le Débiteur sous peine d'une amende de 62f,50 (Loi du 23 Août 1871)

Reçu la somme de _____

le _____

Timbre

0,10% en plus

Reçu la somme de _____

le _____

Timbre

0,10% en plus

Avis important. Le locataire est prié de représenter ce bordereau à chaque acompte qu'il versera et de le rendre quand il aura droit à sa quittance définitive

La Nouvelle Comptabilité Immobilière. — Mod déposé G. Charbonnel, 28, Av. 6de Ceinture, à St Maur-des-Fossés.

Ce Bordereau d'Acomptes COMPOSÉ DE 5 CASES	par	12	25	50	100	500	100
	PRIX.	0.30 - 0.50 - 0.65 - 1 fr. - 4.50 - 8 fr.					

ÉCRITEAUX DIVERS

En plus du grand tableau de **Règlement** figurant avec les *Prix* p. 30 il est édité un **Écriteau de Location** plus explicite que ceux faits jusqu'à ce jour et libellé comme ci-dessous :

A Louer
PIÈCES ET DÉPENDANCES
Eau, Gaz, Électricité

S'adresser _____

Il suffit de découper les chiffres des feuillets d'un éphéméride que l'on colle devant le mot *pièces* et de cacher les mots ne devant pas figurer.

Ce modèle est très usitée en Suisse.

FORMAT : 32×25	par	6	12	25	50	100
	PRIX.	0.50	0.90	1.50	2.50	4 fr.

Les Écriteaux de formules courantes : *Appartement, Logement, Chambre, Sous-Sol, Atelier, Bureau, Écurie, Remise, Pavillon, Jardin, Maison, etc.* sont fournis et assortis sut demande aux mêmes prix : — **Série spéciale pour les Concierges.**

La Concierge est dans *l'Escalier*	par	4	6	12	25	50
id. revient de *suite*	assortis					
	PRIX.	0.25	0.35	0.50	0.90	1.50

BIBLIOTHÈQUE DU PROPRIETAIRE

Livres spécialement recommandés et fournis par le " *MÉMENTO* " :
Droit des Propriétaires, Locataires et Concierges,
<table>
<tr><td></td><td>par GAILLARD et NEULAT.</td><td>1 fr. 50</td></tr>
<tr><td>*Le Code du Logis*</td><td>L. GROUARD.</td><td>2 fr.</td></tr>
<tr><td>*Entre Locataires et Propriétaires*</td><td>Daniel MASSE.</td><td>2 fr.</td></tr>
<tr><td>*Guide pratique des Baux et Locations*</td><td>A. POIDVIN.</td><td>2 fr.</td></tr>
<tr><td>*Responsabilités civiles des Propriétaires*</td><td>GUÉRIN et HERVÉ.</td><td>3 fr.</td></tr>
<tr><td>*Traité des Réparations* (Lois du Bâtiment)</td><td>A. LE BÈGUE.</td><td>5 fr.</td></tr>
<tr><td>*Des Réparations locatives* (Jurisprudence et Pratique).</td><td>J. FUGAIRON.</td><td>4 fr. 50</td></tr>
<tr><td>*L'Avocat-conseil* ou *Le Conseiller en Affaires*</td><td>Léon PARISOT.</td><td>4 fr.</td></tr>
<tr><td>*Annuaire des Propriétaires de la Ville de Paris*</td><td></td><td>15 fr.</td></tr>
</table>

Ajouter 0 fr. 25 pour l'envoi d'un de ces volumes.

AVIS. — Tous les Imprimés édités par le " *MÉMENTO* " sont soignés et tirés sur beau papier blanc. Les spécimens des formules ne sont que des réductions imparfaites. Il est fourni, sur demande, des *Imprimés* portant *l'adresse ds Immeubles*, moyennant un supplément de 2 à 3 francs suivant la composition, quelque soit la quantité à partir de 1000. — **Prix spéciaux** pour commandes de plusieurs milles, même de différents modèles assortis. — Toutes les formules précitées ont un intérêt incontestable ; la minime quantité d'exemplaires délivrés permet d'avoir une Comptabilité bien tenue pour plusieurs années et à peu de frais.

CONDITIONS D'EXPEDITION

Les envois de quelque importance qu'ils soient ne sont faits *qu'après réception* du prix de la commande, augmenté du coût du port, ou contre remboursement. Cet envoi nécessitant des frais de recouvrement variant de 0 fr. 25 à 0 fr. 60, il est plus avantageux d'adresser d'abord le montant par bon-poste ou mandat-poste, mandat-carte ou mandat-lettre, afin d'éviter ces frais.

Prix du port à ajouter à la commande : 1o pour Paris : 0 fr. 25 (postaux parisiens) ; 2o banlieue et départements : 0 fr. 60 (postaux gare), 0 fr. 85 (port domicile).

NOTA. — *Pour les expéditions qui pourront être faites par la Poste et dont le prix serait inférieur à la somme de 0 fr. 60 ou 0 fr. 85 envoyée, il sera tenu compte de la différence en un surplus d'imprimés. Au-dessus de 3 kil., tout supplément est à ma charge, sauf pour les envois contre remboursement.*

A titre d'indication, voici le poids des Formules par quantité de 100 : Engagements 440 gr., Feuilles des Comptes 900 gr., Congés 370 gr., Quittances, Reçus, Fiches 240 gr. Coût de l'envoi par la Poste : 0 fr. 05 par 100 gr. ; à tenir compte jusqu'à 1 kil. 200 ou 1 kil. 700. Passé ce poids, il y a avantage à l'envoi par colis-postal : en gare 0 fr. 60 ; domicile 0 fr. 85. — Tenir compte de l'emballage : 20 à 30 gr. — En se basant sur le poids de 100 feuilles, il est donc facile de se rendre compte.

Pour toute lettre nécessitant une réponse, joindre un timbre de 0 fr. 10.

RÉGLEMENT

La Liberté de chacun cessant où commence celle d'autrui **MM. LES LOCATAIRES** *ont un intérêt réciproque à tenir compte du présent réglement pour éviter tous désaccords entre eux.*

1° — **L'ÉCLAIRAGE** des Escaliers est assuré facultativement par le *Gaz* ou *l'Électricité* de   à   h. en semaine et   h. les Dimanches et Fêtes.
Les Locataires doivent énoncer leurs noms après l'extinction ;

2° — Une Caisse pour les ordures ménagères est déposée_____
Il est défendu de venir les vider dans la journée ; ou de les jeter dans la cour ;

3° — **IL EST INTERDIT** de laisser les Enfants jouer dans les Cours et les Escaliers, de déposer des objets quelconques et stationner sur les paliers ;

4° — D'étendre du linge aux fenètres, de laisser des draps et matelas sur celles de la rue passé **10** h. du matin, ainsi que d'y secouer des tapis, et de se servir pour cet usage des fenêtres de l'escalier ;

5° — De jeter des ordures, démèlures, papiers, etc., par les fenêtres, et d'accrocher quoi que ce soit en dehors des murs, de déposer des pots de fleurs sans être fixés, et se conformer au règlement de police ;

6° — De faire des lessivage et blanchissage quelconques dans les locaux, cours ou paliers ;

7° — De jeter des eaux, des ordures, des chiffons, des débris de vaisselle ou tous autres objets dans les **W. C.** — Tous dégorgement de tuyaux de chutes ou d'évier, dégàts causés par imprudence ou malveillance, seront a la charge du Locataire ou de tous les Colocataires suivant le cas.

8° — De casser du bois sur le carrelage, sur l'évier ou le fourneau, ce travail devant être fait dans la cour ou dans la cave ;

9° — De jouer de la musique ou du graphophone après **10** h. du soir ou tous les jours d'une façon continue ;

10° — *De laisser monter les* **FOURNISSEURS** et faire des approvisionnements de charbon après **10** h. du matin et d'en monter une quantité supérieure à **250** kilos dans l'appartement ;

11° — Les lettres sont montées de **3** à **4** fois par jour, aux principales distributions ; les imprimés et prospectus **2** fois par jour. Les plis cachetés ou paquets remis au Concierge sont acceptés sans aucune garantie, ainsi que la réception du vin, d'aliments, bois et charbons, pour lesquels un ordre écrit du Locataire doit être donné lorsqu'il y a lieu de signer une décharge.

12° — Le rôle de la Concierge est de veiller à maintenir l'ordre et la propreté dans la maison et surveiller l'exécution du présent **RÉGLEMENT** dans ses détails. Elle n'est point au service des Locataires, toutefois son devoir est d'agir vis à vis d'eux de façon à ce que son rôle d'intermédiaire profite à l'agrément, aux bons rapports et à l'utilité de tous.

Le Propriétaire

Le Memento des Propriétaires & la Nouvelle Comptabilité Immobilière (modèle Déposé) E. CHARBONNEL 28, Avenue de la Grande Ceinture St-MAUR (Seine)

IMPRIMERIE - PAPETERIE
BOUCHEZ-CHARBONNEL
E. CREOL, Successeur
42, Rue des Petites-Écuries, PARIS

www.ingramcontent.com/pod-product-compliance
Lightning Source LLC
Chambersburg PA
CBHW060747280326
41934CB00010B/2387